Ulrike Bußmann · Karin Esch
Sybille Stöbe-Blossey
Neue Steuerungsmodelle – Frischer Wind
im Jugendhilfeausschuss?

Ulrike Bußmann · Karin Esch
Sybille Stöbe-Blossey

Neue Steuerungsmodelle – Frischer Wind im Jugendhilfeausschuss?

Die Weiterentwicklung der neuen Steuerungsmodelle: Tendenzen und Potenziale am Beispiel der Jugendhilfe

Springer Fachmedien Wiesbaden GmbH 2003

Gedruckt auf säurefreiem und altersbeständigem Papier.

Die Deutsche Bibliothek – CIP-Einheitsaufnahme
Ein Titeldatensatz für die Publikation ist bei
Der Deutschen Bibliothek erhältlich

ISBN 978-3-8100-3808-1   ISBN 978-3-663-10890-0 (eBook)
DOI 10.1007/978-3-663-10890-0

© 2003 Springer Fachmedien Wiesbaden
Ursprünglich erschienen bei Leske+Buderich,Opladen 2003

Inhalt

Vorwort

Der vorliegende Band ist Ergebnis eines von der Hans-Böckler-Stiftung geförderten Projekts mit dem Titel „Die Weiterentwicklung der neuen Steuerungsmodelle: Tendenzen und Potenziale am Beispiel der Jugendhilfe", das
von Mai 2000 bis Februar 2002 am Institut Arbeit und Technik in Gelsenkirchen unter der Projektleitung von Sybille Stöbe-Blossey und Norbert Wohlfahrt durchgeführt wurde. Die Jugendhilfe ist seit Jahren Gegenstand intensiver Reformbemühungen auf kommunaler Ebene, die im Zuge der Verwaltungsmodernisierung verstärkt und ausgeweitet wurden. Dabei steht die Arbeit der Jugendhilfeausschüsse im Zentrum der Auseinandersetzung um
Steuerungsfragen in der Jugendhilfe. Die duale Struktur des Jugendamtes
unterscheidet sich nachhaltig von anderen Ämtern der Sozialverwaltung und
macht es für die Entwicklung und Implementierung neuer Steuerungsmodelle
zu einem ausgesprochenen Experimentierfeld. Hinzu kommt die prinzipiell
vorhandene Unzufriedenheit mit der Arbeit der Jugendhilfeausschüsse, die
auf verschiedene Faktoren zurückgeführt werden kann. Der Titel „Frischer
Wind im Jugendhilfeausschuss?" des vorliegenden Buches ist deshalb durchaus auch programmatisch gemeint. Eine Aufwertung und Qualifizierung der
Arbeit der Jugendhilfeausschüsse scheint dringend geboten, und die Autoren
meinen, erste Ansätze eines solchen Veränderungsprozesses aufgespürt zu
haben.

An dem Projekt waren wie immer eine Vielzahl von Personen beteiligt,
die zum Gelingen beigetragen haben. Besonders zu danken ist Erika Mezger
von der Hans-Böckler-Stiftung, die durch ihre fachliche Begleitung und Beratung jederzeit stabilisierender Faktor der Projektarbeit war, zu danken ist
den Gesprächspartnern in den Kommunen, den Jugendhilfeausschüssen, den
Wohlfahrts- und Jugendverbänden und den kommunalen Spitzenverbänden,
die sich viel Zeit für die z.T. mehrfachen Befragungen genommen haben,
und zu danken ist den wissenschaftlichen Mitarbeiterinnen des Projekts, die
die Projektarbeit getragen und die Berichterstattung vorgenommen haben.
Neben den Autorinnen sind dies vor allem Ariane Knauer (Monheim) und
Eugenie Renker (Duisburg), die einen Teil der Interviews organisiert, durchgeführt und protokolliert haben.

Wir hoffen, mit diesem Band die weitere Diskussion um die Zukunft der
Jugendhilfeausschüsse versachlichen und Anstöße für eine profilierende

Weiterentwicklung von deren Arbeit geben zu können. Alle Veränderungen in der Jugendhilfe sollten sich dabei an einer Zielperspektive messen lassen: sie sollten als Potenzial nutzbar sein, um der Kinder- und Jugendpolitik in den Städten und Gemeinden einen höheren Stellenwert zu verschaffen.

Bochum, im April 2002
Norbert Wohlfahrt

I Einleitung

Die Verwaltungsmodernisierung in den Kommunen ist seit dem Ende der Neunzigerjahre in eine neue Phase getreten. Nachdem zu Beginn der Neunzigerjahre eine breite Reformbewegung in Gang gekommen war, die sich im Wesentlichen auf konzeptionelle Vorgaben der Kommunalen Gemeinschaftsstelle (KGSt) („Neues Steuerungsmodell"; KGSt 1991, 1992, 1993, 1995a) stützte, ist inzwischen eine gewisse Ernüchterung eingetreten; die Modernisierung ist teilweise ins Stocken geraten. Dies hängt nicht zuletzt damit zusammen, dass die politische Dimension der Reformen in der Praxis zunächst weitgehend vernachlässigt wurde. Des Weiteren wurde die Binnenorientierung der Modernisierung, die mangelnde Einbeziehung des gesellschaftlichen Umfeldes, in zunehmendem Maße zum Gegenstand der Kritik. Ziel des vorliegenden Bandes ist es, diese Problemstellungen am Beispiel der Jugendhilfe aufzugreifen und nach Perspektiven zu fragen.

Zu Beginn der Reformdiskussion wurde – zusammenfassend formuliert – die Forderung aufgestellt, die Kommunen sollten zu bürgerorientierten Dienstleistungsunternehmen werden und – befreit von verkrusteten Strukturen – die Leistungen für die Bürger nicht nur billiger, sondern auch besser erbringen. Die Organisationsstruktur wird umgestaltet, um zusammenhängende Aufgaben in Fachbereichen zusammenzufassen („Rathaus ohne Ämter"). Jeder Fachbereich erhält für die Erfüllung seiner Aufgaben ein Budget, das er möglichst weitgehend selbst bewirtschaften kann („dezentrale Ressourcenverantwortung"). Damit einher geht die Umgestaltung des Haushaltsplanes: Während der traditionelle Haushaltsplan auf einer Aufgliederung nach Ausgabearten, wie Personal, Büromaterial usw., basiert, jedoch keinen Überblick über die mit Hilfe dieser Ausgaben erstellten Leistungen ermöglicht, soll er künftig die Leistungen der Verwaltung („Produkte") und das für ihre Erstellung notwendige Budget enthalten („produktorientierter Haushaltsplan"). Über Art, Umfang und Qualität der Leistungen werden Zielvereinbarungen abgeschlossen („Kontraktmanagement") – zwischen Politik und Verwaltung, Verwaltungsspitze und Fachbereichen, Fachbereichsleitungen und Arbeitsteams. Auf der Grundlage dieser Zielvereinbarungen wird die Verantwortung für die Umsetzung weitgehend dezentralisiert, was eine bessere Motivation der Beschäftigten, eine erhöhte Flexibilität und damit mehr Effizienz zur Folge haben soll.

Zur Steuerung kommen betriebswirtschaftliche Instrumente (Kosten- und Leistungsrechnung, Controlling) zum Einsatz.

Inzwischen sind vielerorts Erfolge der Modernisierungsbestrebungen sichtbar. Oft ist es gelungen, Kreativitätspotenziale von Mitarbeitern freizusetzen sowie überkommene Strukturen und Arbeitsabläufe zu straffen, sodass Leistungen tatsächlich kundenorientierter angeboten werden können – und dabei Kosten eingespart werden, was angesichts der Finanzkrise eine entscheidende Erfolgsbedingung ist. Dennoch ist es nicht mehr zu übersehen, dass die Modernisierungseuphorie ins Stocken geraten ist.[1] Die Nutzung der im neuen Steuerungsmodell enthaltenen Instrumente scheint sich mancherorts von der ursprünglichen Intention entfernt zu haben: So wurden beispielsweise nicht selten mit großem Aufwand Produkte definiert, ohne dass dies Änderungen in der Verwaltungsorganisation, geschweige denn in der Verwaltungspraxis, zur Folge gehabt hätte. Hier wird deutlich, dass die neuen Steuerungsmodelle so, wie sie ursprünglich propagiert wurden, Elemente enthalten, die in der Umsetzung zu technokratischem Perfektionismus ohne Zielorientierung verführen. Darüber hinaus wurde die politische Dimension der Reformen in der Praxis zunächst weitgehend vernachlässigt.[2] Es zeigte sich, dass die Trennung zwischen „Was" und „Wie", zwischen strategischem und operativem Geschäft – zumindest nicht in der strikten Form haltbar ist, wie sie zu Beginn des Reformprozesses vielfach formuliert wurde. Schließlich wurde zunehmend deutlich, dass die Modernisierung der Binnenstrukturen zu kurz greift, wenn man das gesellschaftliche Umfeld, die Beziehungen zwischen der Kommune und den Bürgern, nicht einbezieht.

Diese Situation hat Bestrebungen sowohl nach einer verbesserten Umsetzung als auch nach einer konzeptionellen Weiterentwicklung der neuen Steuerungsmodelle zur Folge. Vor diesem Hintergrund wurde am Institut Arbeit und Technik mit Förderung durch die Hans-Böckler-Stiftung 1997/1998 das Projekt „Implementation der neuen Steuerungsmodelle: Die Ausgestaltung der Schnittstellen zwischen Politik, Verwaltung und Bürgern" durchgeführt. Ausgangspunkt dieses Projektes war die Feststellung, dass das Verhältnis zwischen Politik und Verwaltung zu einem wesentlichen Engpassfaktor in der Modernisierung geworden ist. Als Resultate des Projektes ergaben sich vier Anforderungen (vgl. Brandel/Stöbe-Blossey/Wohlfahrt 1999):

– Die politische Beteiligung am Modernisierungsprozess muss verstärkt werden.
– Die Modernisierung der Verwaltung muss begleitet werden durch eine Modernisierung der Strukturen in der politischen Arbeit.

---

1 „Stillstand auf der ‚Baustelle'?" lautet in diesem Zusammenhang der bezeichnende Titel eines von Jörg Bogumil und Leo Kißler (1998) herausgegebenen Buches, das sich mit Barrieren der kommunalen Verwaltungsmodernisierung und Schritten zu ihrer Überwindung befasst.
2 Vgl. dazu ausführlich Brandel/Stöbe-Blossey/Wohlfahrt 1999 sowie Möltgen 2001.

- Als Grundlage für eine verbesserte Steuerung muss ein Berichtswesen erarbeitet werden, das nicht nur finanzielle, sondern auch qualitative Aspekte enthält.
- Über die verstärkte Einbeziehung der Politik hinaus ist auch die Berücksichtigung der Schnittstellen zwischen dem politisch-administrativen System „Kommune" und Akteuren außerhalb dieses Systems notwendig.[3]

Für die Umsetzung dieser vier Anforderungen konnten im Rahmen des Projektes eine Reihe von praktischen Ansatzpunkten identifiziert werden. Angesichts des explorativen Charakters des Projektes konnten diese Ansatzpunkte jedoch nicht in jeder Hinsicht konkret ausgearbeitet werden. Vor allem wurde – insbesondere im Hinblick auf die dritte und vierte Anforderung – deutlich, dass sie in vieler Hinsicht einer politikfeldspezifischen Konkretisierung bedürfen. Vor diesem Hintergrund wurde das Projekt „Die Weiterentwicklung der neuen Steuerungsmodelle: Tendenzen und Potenziale am Beispiel der Jugendhilfe" geplant, das von Mai 2000 bis Februar 2002 lief. Das Feld der Jugendhilfe war im gegebenen Kontext von besonderem Interesse,

- weil die Jugendämter sowohl von der KGSt (vgl. KGSt 1994) als auch von vielen Kommunen als Pilotämter für die Verwaltungsmodernisierung ausgewählt wurden, sodass sowohl einige Modernisierungserfahrungen als auch kontroverse Diskussionen dazu vorliegen;
- weil die im Kinder- und Jugendhilfegesetz (KJHG) definierte Sonderrolle des Jugendhilfeausschusses als Bestandteil des Jugendamtes sowie die Beteiligung von freien Trägern im Ausschuss die Frage der Koope-

---

3 Dieser Aspekt spielt in der jüngsten Diskussion um die Entwicklung der neuen Steuerungsmodelle eine zunehmend wichtige Rolle: In der Anfangsphase der Modernisierungsdiskussion wurde die Anforderung formuliert, die Kommune müsse sich „von der Behörde zum Dienstleistungsunternehmen" (Banner 1991) entwickeln, womit die Sichtweise vom Bürger als „Kunde", als „Verbraucher" kommunaler Dienstleistungen, in den Mittelpunkt rückte. Eine aktive Rolle des Bürgers ist damit allerdings nicht verbunden: „Der Kunde ist vorrangig Konsument von Dienstleistungen, eher passiv und auf Bedürfnisbefriedigung aus. Er tritt der Verwaltung als Anbieterin von Dienstleistungen mit einer Anspruchshaltung gegenüber." (Bogumil/Kißler 1996:185) Inzwischen zeichnet sich in der Diskussion eine Erweiterung ab, indem die Entwicklung „von der Ordnungskommune zur Dienstleistungs- und Bürgerkommune" (Banner 1998; Plamper 1998) postuliert wird.
Von besonderer Bedeutung wird es in diesem Zusammenhang sein, Vorstellungen über das produktive Zusammenwirken von staatlichen bzw. kommunalen und anderen, gesellschaftlichen Akteuren zu entwickeln und Strukturen vorzuschlagen, die dieses Zusammenwirken verbessern. Diese Strukturen müssen so gestaltet werden, dass privates Engagement gefordert und gefördert und mit gesamtgesellschaftlichen Zielsetzungen verknüpft wird. Für einen Staat, der diese Zielsetzungen verfolgt, wurde in der wissenschaftlichen Diskussion der Begriff des *„aktivierenden Staates"* geprägt (vgl. v. Bandemer et al. 1995; v. Bandemer/Hilbert 1998; Esch/Hilbert/Stöbe-Blossey 2001; speziell zum Sozialstaat vgl. Mezger/West 2000); analog kann man von einer *„aktivierenden Stadt"* sprechen.

rationsstrukturen zwischen Politik, Verwaltung und externen Akteuren in besonderer Schärfe aufwerfen;

- weil dieses Feld eine lange Tradition im Hinblick auf das Zusammenwirken unterschiedlicher Akteure aufweist und unter dem Gesichtspunkt einer Überwindung der Binnenorientierung in der Verwaltungsreform interessante Erkenntnisse verspricht;
- weil dieses Zusammenwirken in den letzten Jahren zunehmend durch neu hinzugekommene Akteure ergänzt wird (nämlich zum einen durch freie Initiativen jenseits der traditionellen Wohlfahrtsverbände, zum anderen inzwischen auch durch gewerbliche Anbieter), sodass von einem breiten Spektrum unterschiedlicher Akteure und von einer zunehmenden Entwicklung von „public private partnership" ausgegangen werden kann.

Am Beispiel der Jugendhilfe sollten in diesem Projekt Möglichkeiten zur Weiterentwicklung der Verwaltungsmodernisierung aufgezeigt werden. Im Mittelpunkt stand zum einen die Frage, wie der Jugendhilfeausschuss (also die Politik) in den Reformprozess besser eingebunden und seine Steuerungsfunktion unterstützt werden kann. Zum anderen ging es darum, wie sich eine Kooperation zwischen der Kommune und ihrem Umfeld (etwa Verbänden, Initiativen, Unternehmen, einzelnen Bürgern usw.) so gestalten lässt, dass Effektivität und Effizienz ebenso gestärkt werden wie Partizipation und Bürgerorientierung.

Die Ergebnisse dieses Projektes bilden den Kern dieses Bandes. Bevor nun auf Inhalte und Methoden eingegangen wird, soll in einem Exkurs eine kurze Einführung in die wichtigsten Strukturmerkmale und Besonderheiten der Jugendhilfe gegeben werden, um auch Leserinnen und Lesern ohne „jugendhilfespezifische" Fachkenntnisse eine Einordnung der Ergebnisse zu ermöglichen.

II Exkurs: Strukturmerkmale der Jugendhilfe – Historische Entwicklung

Die Entwicklung der Kinder- und Jugendpolitik[4] steht im Zusammenhang mit der Industrialisierung. Den Beginn diesbezüglicher staatlicher Interventionen markieren ordnungsrechtliche Regelungen (Münder 1996: 10f.): So verbot im Jahre 1839 das „Preußische Regulativ über die Beschäftigung jugendlicher Arbeiter" die Fabrik- und Nachtarbeit für Kinder unter neun Jahren und beschränkte deren Arbeitszeit auf zehn Stunden täglich. Seit 1840 forderte die „Königliche Zirkularverfügung zur Aufnahme von Haltekindern" in Berlin eine polizeiliche Erlaubnis für die Aufnahme von Pflegekindern unter vier Jahren gegen Entgelt. 1871 wurden bei der Verabschiedung des Reichsstrafgesetzbuches Sonderregelungen für Jugendliche verankert (Strafunmündigkeit der unter 12-jährigen; Freispruch bei 12-18-jährigen, wenn sie die für die Erkenntnis der Strafbarkeit einer Handlung erforderliche Einsicht nicht besaßen; Möglichkeit der Einweisung in eine Erziehungs- und Besserungsanstalt).

In der zweiten Hälfte des 19. Jahrhunderts entstanden verstärkt gemeinnützige Organisationen, die sich der Jugendarbeit und Jugendpflege widmeten. Zunächst gab es kirchliche Organisationen, dann kamen bürgerlichnationale Verbände hinzu, mit Beginn des 20. Jahrhunderts gewann die Arbeiterjugendbewegung an Gewicht. Der Staat reagierte zunächst repressiv; später versuchte er, die Arbeit der Jugendverbände über das Instrument der Finanzierung zu steuern. Daraus ergaben sich erste Ansätze zur Förderung der Jugendarbeit: Mit dem „Erlass betreffend Jugendpflege" (1911) wurden 1 Mio. Mark für die Subvention der Jugendarbeit bereitgestellt – vorausgesetzt, die Verbände realisierten „vaterländische" Erziehungsvorstellungen. (Münder 1996: 11; ausführlich Hederer 1975; Panter 1965)

Eigenständige Strukturen in der Kinder- und Jugendpolitik bildeten sich erst später heraus. Bis zum Beginn des 20. Jahrhunderts waren in der Regel die Armen- und Fürsorgeämter für Fragen der Jugendhilfe zuständig; das Unterstützungswesen deckte dabei gerade für Kinder und Jugendliche kaum das Existenzminimum ab. Darüber hinaus gab es eine Vielzahl freier und öf-

---

4   Für einen aktuellen Überblick über Inhalte und Strukturen der Kinder- und Jugendpolitik vgl. Kösters 1999.

fentlicher Institutionen, die in irgendeiner Form mit Jugendfürsorge befasst waren. Mit der Anordnung von Fürsorgeerziehung, die bei Straffälligkeit oder starken Verhaltensauffälligkeiten von Minderjährigen zur Anwendung kam, waren beispielsweise in Preußen Landräte, Gemeindevorstände und Polizeibehörden befasst (Kühn 1994: 9). Im Pflegekinderwesen lag die Kompetenz für die Kontrolle der Pflegestellen ebenfalls bei der Polizeiverwaltung; Vormünder der betroffenen Kinder waren meistens Einzelpersonen, die vom so genannten Gemeindewaisenrat – einem ehrenamtlich tätigen Gremium – beaufsichtigt wurden. Diese Kompetenzzersplitterung führte dazu, dass sich die Pflegestellen – Familien wie Einrichtungen – oft jeder Kontrolle entziehen konnten (Kühn 1994: 8).

Angesichts dieser Zersplitterung einerseits und – im Zuge der fortschreitenden Industrialisierung – wachsender Aufgaben andererseits wurde um die Jahrhundertwende herum der Ruf nach einer Zusammenfassung der Aufgaben der Jugendfürsorge immer lauter und führte schließlich zu der Forderung, städtische Jugendfürsorgeämter einzurichten. Dies geschah vor dem I. Weltkrieg in einigen größeren Städten (zum Beispiel Mainz und Dresden 1909, Hamburg und Magdeburg 1910). Unumstritten war diese Entwicklung keineswegs: Zum einen wurden steigende finanzielle Lasten befürchtet, zum anderen wollten freie Fürsorgeverbände einen zu hohen Einfluss staatlicher Stellen vermeiden. (Münder 1996: 11; Kühn 1994: 9f.; Schrapper 1996: 64ff.; ausführlich Hasenclever 1978: 30ff.)

Nachdem die Diskussionen um die Organisation der Jugendfürsorge durch den Krieg zunächst unterbrochen wurde, setzten sie im Kontext der mit dem Aufbau der Weimarer Republik einhergehenden Weiterentwicklung des Sozialstaates erneut ein. Eine umfassende Regelung auf dem Gebiet der Kinder- und Jugendpolitik kam erstmals im Jahre 1922 mit der Verabschiedung des Reichsjugendwohlfahrtsgesetzes (RJWG) zustande. Im Hinblick auf die darin festgeschriebenen Aufgaben stellten präventive Hilfen, Beratung, allgemeine Unterstützung eher Randbereiche dar. Im Vordergrund standen Aufgaben mit hoheitlichem Charakter, zum Beispiel die Zuständigkeit des Jugendamtes als Amtsvormund für nichteheliche Kinder, die Verbesserung und Vereinheitlichung der Pflegekinderaufsicht, die Etablierung der Heimaufsicht und die Mitwirkungspflicht des Jugendamtes bei der Fürsorge für gefährdete Kinder und Jugendliche (Schutzaufsicht, Jugendgerichtshilfe, Fürsorgeerziehung) (Münder 1996: 12f.).

Über die Definition von Aufgaben hinaus wurden mit dem Gesetz einige langfristig wirksame Strukturen festgeschrieben (Kühn 1994: 22f.), die bis heute wirksam sind (vgl. unten, „Strukturen"):

- die Kodifizierung eines Anspruchs auf Erziehung (§ 1 RJWG: „Jedes deutsche Kind hat ein Recht auf Erziehung zur leiblichen, seelischen und gesellschaftlichen Tüchtigkeit.");
- die Zusammenfassung von unterschiedlichen Aufgaben unter dem Begriff „Jugendhilfe";

14

- die Konzentration der Jugendhilfe in Jugendämtern, die von allen Stadt- und Landkreisen errichtet werden sollten;
- die Festschreibung des Subsidiaritätsprinzips, wonach das Jugendamt im Hinblick auf die Erfüllung der Aufgaben der Jugendhilfe die erforderlichen Angebote vor allem anzuregen und zu fördern und nur „gegebenenfalls" selbst zu schaffen hatte (§ 4 RJWG);
- die Gestaltung des Jugendamtes als Kollegialbehörde (§ 9 RJWG), das heißt, die Etablierung des Jugendwohlfahrtsausschusses als Bestandteil des Amtes, was eine Besonderheit im Vergleich zu den anderen kommunalen Ämtern darstellt;
- die Integration der freien Träger in den Jugendwohlfahrtsausschuss: „Als stimmberechtigte Mitglieder des Jugendamtes sind neben den leitenden Beamten in der Jugendwohlfahrt erfahrene und bewährte Männer und Frauen aller Bevölkerungskreise, insbesondere aus den im Bezirk des Jugendamtes wirkenden freien Vereinigungen für Jugendwohlfahrt und Jugendbewegung, auf deren Vorschlag zu berufen. Diese Vereinigungen haben Anspruch auf zwei Fünftel der Zahl der nichtbeamteten Mitglieder." (Kühn 1994: 23f.)

Durch eine Verordnung der Reichsregierung auf der Grundlage eines Ermächtigungsgesetzes wurden 1924 Teile des RJWG jedoch vor seinem Inkrafttreten vorläufig wieder außer Kraft gesetzt. Dies gilt zum einen für die Schaffung von neuen und die wesentliche Erweiterung von bestehenden Aufgaben, zum anderen für die Vorschrift der Errichtung von Jugendämtern und Landesjugendämtern. Demzufolge wurden längst nicht in allen Städten und Kreisen Jugendämter errichtet. Selbstständige Jugendämter fanden sich vor allem in Großstädten; in etwa zwei Dritteln der Fälle war das Jugendamt hingegen eine Abteilung des Wohlfahrtsamtes (des Vorläufers des heutigen Sozialamtes). Kritisiert wurde aus pädagogischer Sicht vor allem, dass bei einer solchen Zuordnung die administrative Tätigkeit des Jugendamtes gegenüber seinem pädagogischen Auftrag zu sehr in den Hintergrund trete. (Kühn 1994: 24f.)

Während der nationalsozialistischen Zeit wurde der Jugendwohlfahrtsausschuss abgeschafft; weitere formalrechtliche Veränderungen bezüglich des Amtes gab es nicht. Faktisch wurde die Aufgabenwahrnehmung durch das Jugendamt ebenso wie durch die traditionellen Wohlfahrtsverbände stark zurückgedrängt und den parteieigenen Organisationen übertragen (Hitlerjugend, Nationalsozialistische Volkswohlfahrt) (Kühn 1994: 39ff.). Im Vergleich zu den beiden anderen „klassischen" kommunalen Ämtern im Bereich der sozialen Dienste, dem Wohlfahrtsamt und dem Gesundheitsamt, wurde die Position des Jugendamtes stark geschwächt (Kühn 1994: 44ff.).

1945 wurde durch die Besatzungsmächte das RJWG in der seit 1924 geltenden Form wieder in Kraft gesetzt. Die auf der Basis des Ermächtigungsgesetzes erfolgten Einschränkungen wurden mit einer Novelle vom 28.08.1953 aufgehoben, sodass viele Bestandteile des RJWG erst gut 30 Jahre später in ihrer ursprünglich gewollten Form in Kraft treten konnten. Erst nach dieser Novelle begann auf breiter Basis die Herauslösung der Jugendämter aus den Wohlfahrtsämtern (Kühn 1994: 62). Bis Ende der 50er Jahre waren 80% der Jugendämter selbstständig, von den übrigen waren jeweils etwa die Hälfte Abteilung eines anderen Amtes oder mit anderen Ämtern zu einem einheitlichen Amt verbunden (Vogel 1960: 192).

Als problematisch wurde in der Fachdiskussion in der Nachkriegszeit vor allem die Personalsituation in den Jugendämtern angesehen. Gerade bei Fachkräften im Bereich der Fürsorge gab es einen hohen Anteil an Personen, die wegen NSDAP-Mitgliedschaft und entsprechender Aktivität entlassen wurden und oft durch Hilfskräfte ersetzt werden mussten (Kühn 1994: 57). Noch zum Ende der Fünfzigerjahre wurde festgestellt, dass jedes vierte bis fünfte Jugendamt ohne sozialpädagogisches Fachpersonal arbeitete (Vogel 1960: 68). Problematisch war auch das Verhältnis zwischen Innen- und Außendienst („Familienfürsorge"; ab Anfang der Siebzigerjahre immer häufiger als Allgemeiner Sozialdienst (ASD) bezeichnet). Der Innendienst war in aller Regel mit Verwaltungspersonal besetzt; noch zum Ende der Fünfzigerjahre hatten nur knapp 5% der Jugendämter einen eigenen Außendienst; gut 15% der Jugendämter griffen gemeinsam mit Fürsorge- und/oder Gesundheitsamt auf einen Außendienst zurück; in knapp 40% der Fälle war der Außendienst dem Gesundheitsamt zugeordnet (ein Relikt der NS-Zeit); ein gutes Viertel hatte keinen Außendienst; in den übrigen Fällen gab es andere organisatorische Lösungen (Vogel 1960: 176). Die im Außendienst tätigen Mitarbeiter hatten den direkten Kontakt zu den Klienten, Entscheidungen über Maßnahmen wurden größtenteils im Innendienst getroffen. Dem Anspruch einer sozialpädagogischen Fachbehörde standen also vielfältige personelle und organisatorische Faktoren entgegen.

1961 gab es eine Novelle, die aus dem „Reichsgesetz für Jugendwohlfahrt" das „Gesetz für Jugendwohlfahrt" machte und die Paragrafenfolge änderte, jedoch nur marginale inhaltliche Änderungen brachte (Hasenclever 1978: 202; Kühn 1994: 69; Münder 1996: 13f.). Besonders umstritten war im Kontext dieser Novelle das Subsidiaritätsprinzip, das jedoch in § 5 III JWG bestätigt wurde (Kühn 1994: 69f.). 1962 legten die Stadt Dortmund und in der Folgezeit weitere Städte Verfassungsklage ein, weil sie die Festschreibung des Vorrangs freier Träger als Eingriff in die kommunale Selbstverwaltung betrachteten. Zwar wurde diese Klage in ihren wesentlichen Teilen abgewiesen; allerdings stellte das Bundesverfassungsgericht klar, dass das Ziel der diesbezüglichen Regelungen kein absoluter Vorrang der freien Träger, sondern eine partnerschaftliche Zusammenarbeit zwischen öffentlichen und freien Trägern sei und dass die Gesamtverantwortung beim öffentlichen Träger, also bei der Kommune, verbleibt (Kühn 1994: 79f., Münder 1996: 107f.).

Die personellen und organisatorischen Mängel in der Jugendamtsarbeit konnten durch die Novelle nicht beseitigt werden. Anfang der Siebzigerjahre setzte eine intensive Diskussion über Reformnotwendigkeiten ein. Reformforderungen bezogen sich vor allem darauf, Innen- und Außendienst zusammenzuführen, den Sozialarbeitern eigenständige Handlungs- und Entscheidungsmöglichkeiten zuzuweisen, an Stelle der einheitlichen Familienfürsorge Spezialdienste einzurichten und Teamarbeit zu verstärken (zusammenfassend Kühn 1994: 83ff.). Praktisch spiegelte sich diese Diskussion in der Entwicklung von unterschiedlichen Modellen der Neuorganisation wider (Kühn 1994: 93ff.):

Gemeinsames Kennzeichen vieler Modelle war die Stärkung der Position des Sozialarbeiters, die auch mit einer Aufwertung der Ausbildung (Fachhochschulen) und mit einer Erhöhung des Anteils des sozialpädagogischen Fachpersonals in den Jugendämtern einherging. Die Trennung zwischen Innen- und Außendienst wurde in immer mehr Jugendämtern aufgelöst. Des Weiteren gab es eine Tendenz zur Dekonzentration: In manchen Kommunen wurden Dienststellen in den Stadtteilen eingerichtet, in anderen Städten verblieben zwar die Mitarbeiter im zentralen Amt, jedoch wurden Bezirkszuständigkeiten eingeführt. In einigen Fällen erhielt dabei jeweils ein Sozialarbeiter die Zuständigkeit für einen kleinen Bezirk, in anderen Fällen übernahmen Teams die Verantwortung für etwas größere Bezirke. In den meisten Jugendämtern wurde ein allgemeiner Sozialdienst aufgebaut; darüber hinaus wurden spezialisierte Dienste für besondere Problemlagen eingerichtet.

Auf der organisatorischen und personellen Ebene wurden damit die Reformforderungen vielerorts nach und nach eingelöst – auch wenn die Modelle nicht immer den in sie gesetzten Erwartungen vollständig gerecht wurden und es in den Achtzigerjahren angesichts knapperer Finanzen in einigen Bereichen auch zu Rückschritten kam. Bezüglich der rechtlichen Grundlagen für die Arbeit der Jugendämter kam eine grundlegende Reform – nach langwierigen Diskussionen – erst Ende der Achtzigerjahre zu Stande. Am 01.10. 1991 ersetzte das neue Kinder- und Jugendhilfegesetz (KJHG) das JWG. Münder (1996: 15f.; ausführlich 1990) nennt vor allem drei wesentliche Veränderungen: Die Zuständigkeiten in der Jugendhilfe wurde bei den örtlichen Jugendämtern konzentriert, Maßnahmen mit eingreifendem Charakter wurden abgebaut, allgemeine Förderungsangebote und präventive Leistungen wurden umfassend benannt.

Inhaltlich unterscheidet das KJHG zwischen „Leistungen der Jugendhilfe" (§ 2 II) und „anderen Aufgaben der Jugendhilfe" (§ 2 III). Der Unterschied zwischen beiden Teilbereichen liegt – ein wenig vereinfachend zusammengefasst – darin, dass es sich bei dem erstgenannten Teil vorrangig um Angebote und Dienstleistungen für junge Menschen und ihrer Familien handelt, während im letzteren Teil eher hoheitlich geprägte Aufsichts- und Kontrollaufgaben im Mittelpunkt stehen. Zu den „Leistungen der Jugendhilfe" gehören die Jugendarbeit, die Jugendsozialarbeit, die Förderung der Erziehung in der Familie, die Förderung von Kindern in Tageseinrichtungen und in Tagespflege sowie die Hilfen zur Erziehung. Dabei sind die im KJHG aufgezählten Leistungen nicht als abschließender Katalog zu verstehen, sondern können je nach pädagogischem Bedarf ergänzt werden. Zu den „anderen Aufgaben der Jugendhilfe" sind zu rechnen: vorläufige Maßnahmen zum

Schutz von Kindern und Jugendlichen, der Schutz von Kindern und Jugendlichen in Familienpflege und in Einrichtungen, die Mitwirkung in gerichtlichen Verfahren, das Vormundschafts- und Pflegschaftswesen.

Örtlicher Träger der öffentlichen Jugendhilfe sind die Kreise und kreisfreien Städte (§ 69 I), bei denen ein Jugendamt zu errichten ist (§ 69 III). Landesrechtlich kann geregelt werden, dass auch kreisangehörige Gemeinden, die von ihrer Leistungsfähigkeit her dazu in der Lage sind, ein eigenes Jugendamt errichten können (§ 69 II). Mit der Vorschrift, ein Jugendamt zu errichten, bestätigt das KJHG eine schon im JWG enthaltene Regelung, die letztlich in die kommunale Organisationshoheit eingreift: Es geht nicht nur darum, dass die im KJHG enthaltenen Aufgaben wahrgenommen werden, sondern es wird darüber hinaus festgelegt, dass dies durch ein spezielles Amt, eben das Jugendamt, geschehen soll.

Die organisatorische Besonderheit des Jugendamtes im Vergleich zu allen anderen kommunalen Ämtern besteht in seiner Kollegialverfassung: Seine Aufgaben „werden durch den Jugendhilfeausschuss und durch die Verwaltung des Jugendamtes wahrgenommen" (§ 70 I), wobei die Geschäfte der laufenden Verwaltung durch den Leiter der Verwaltung der jeweiligen Gebietskörperschaft oder – in dessen Auftrag – vom Leiter der Verwaltung des Jugendamtes durchgeführt werden. Der Jugendhilfeausschuss gilt also als Bestandteil des Jugendamtes.

Der Jugendhilfeausschuss wiederum unterscheidet sich durch seine Zusammensetzung von den übrigen kommunalen Ausschüssen: Als stimmberechtigte Mitglieder gehören ihm zu drei Fünfteln Mitglieder der Vertretungskörperschaft des Trägers bzw. vom ihr gewählte, in der Jugendhilfe erfahrene Männer und Frauen an; zwei Fünftel werden auf Vorschlag der örtlichen anerkannten Träger der freien Jugendhilfe von der Vertretungskörperschaft gewählt, wobei die Vorschläge der Jugend- und der Wohlfahrtsverbände angemessen zu berücksichtigen sind (§ 71 I).

In dieser Zusammensetzung der Jugendhilfeausschüsse spiegelt sich die wesentliche Rolle wider, die freie Träger in der Jugendhilfe spielen. Zwar haben die Träger der öffentlichen Jugendhilfe für die Erfüllung der im KJHG enthaltenen Aufgaben „die Gesamtverantwortung einschließlich der Planungsverantwortung" (§ 79 I). Sie sollen gewährleisten, dass die dazu erforderliche Infrastruktur zur Verfügung steht (§ 79 II) und sind in diesem Kontext verpflichtet, eine Jugendhilfeplanung durchzuführen. All dies heißt aber keineswegs, dass die öffentlichen Träger die Einrichtungen selbst unterhalten und die Leistungen selbst erbringen müssten – im Gegenteil. In der Jugendhilfe spielen traditionell freie Träger eine große Rolle, welche auch im KJHG festgeschrieben ist: „Die Jugendhilfe ist gekennzeichnet durch die Vielfalt von Trägern unterschiedlicher Wertorientierungen und die Vielfalt von Inhalten, Methoden und Arbeitsformen." (§ 3 I) Dem Subsidiaritätsprinzip entsprechend sollen öffentliche Träger von eigenen Maßnahmen absehen, wenn geeignete Einrichtungen, Dienste und Veranstaltungen von freien Trägern betrieben oder rechtzeitig geschaffen werden können (§ 4 II).

Darüber hinaus sind die freien Träger über die Arbeitsgemeinschaften nach § 78 an der Gestaltung der Jugendhilfelandschaft beteiligt: „Die Träger der öffentlichen Jugendhilfe sollen die Bildung von Arbeitsgemeinschaften anstreben, in denen neben ihnen die anerkannten Träger der freien Jugendhilfe sowie die Träger gesonderter Maßnahmen vertreten sind. In den Arbeitsgemeinschaften soll darauf hingewirkt werden, dass die geplanten Maßnahmen aufeinander abgestimmt werden und sich gegenseitig ergänzen." Diese Arbeitsgemeinschaften leisten in der Praxis eine Vorarbeit für Entscheidungen des Jugendhilfeausschusses.

Die Träger der öffentlichen Jugendhilfe sollen die Tätigkeit von freien Trägern anregen und unter bestimmten Voraussetzungen fördern. Für eine auf Dauer angelegte Förderung ist in der Regel die Anerkennung als Träger der freien Jugendhilfe Voraussetzung (§ 74 I). Bedingung für diese Anerkennung ist – neben fachlichen Anforderungen – unter anderem die Verfolgung gemeinnütziger Ziele (§ 75 I). Die Kirchen und Religionsgemeinschaften des öffentlichen Rechts sowie die auf Bundesebene zusammengeschlossenen Verbände der freien Wohlfahrtspflege sind per definitionem anerkannte Träger der freien Jugendhilfe (§ 75 III). Andere Träger haben einen Rechtsanspruch auf Anerkennung, wenn sie seit drei Jahren die für die Anerkennung formulierten Voraussetzungen erfüllen (§ 75 II). Nur auf die anerkannten freien Träger bezieht sich im Übrigen das erwähnte Subsidiaritätsprinzip nach § 4 II; sollten andere Anbieter die gleichen Leistungen bereitstellen, stellt dies keinen Grund für den öffentlichen Träger dar, auf eigene Angebote zu verzichten.

Der kurze Überblick über die Strukturen zeigt zum einen, dass die Jugendhilfe in der Kommune eine organisatorische Sonderstellung einnimmt. Dies bringt in die Diskussion um die neuen Steuerungsmodelle eine besondere Brisanz, wie sich insbesondere in Teil 1 der folgenden Darstellung der Projektergebnisse zeigen wird. Zum anderen ist die Jugendhilfe geprägt durch die Kooperation zwischen Kommune und freien Trägern. Auch dies führt zu spezifischen Konfliktlagen, wie vor allem in Teil 2 und 3 deutlich werden wird.

III Verwaltungsmodernisierung und Politik in der Jugendhilfe – Ergebnisse eines Projektes

Vorbemerkung: Zur Methode des Projektes

Das Projekt „Die Weiterentwicklung der neuen Steuerungsmodelle: Tendenzen und Potenziale am Beispiel der Jugendhilfe" enthielt – neben einer Auswertung der einschlägigen Literatur – im Wesentlichen vier Bestandteile:

- In 15 Jugendämtern in acht Bundesländern (Baden-Württemberg, Bayern, Brandenburg, Hessen, Niedersachsen, Nordrhein-Westfalen, Sachsen-Anhalt, Schleswig-Holstein) wurden Fallstudien durchgeführt. Darunter befinden sich neun Jugendämter in kreisfreien Städten, vier in kreisangehörigen Kommunen und zwei in Kreisen. Für die Auswahl der Fallbeispiele war zum einen die Absicht maßgebend, interessante Beispiele für die Lösung von im Kontext der Verwaltungsreformen auftretenden Fragen zu finden – etwa für eine intensive Beteiligung des Jugendhilfeausschusses an der Reform, für ein nutzbares Berichtswesen oder für eine Strategie der Förderung von bürgerschaftlichem Engagement. Zum anderen sollten die verschiedenen Besonderheiten, die bei der Neuorganisation der Jugendhilfe vorzufinden sind (vgl. insbesondere 1.3/1.4), Berücksichtigung finden. Es ging also nicht um eine quasi repräsentative Auswahl von Kommunen, sondern darum, Kommunen zu finden, die zumindest in Teilaspekten der Verwaltungsmodernisierung von besonderem Interesse sind.[5]

In jeder Fallstudie wurden Interviews mit der Verwaltung des Jugendamtes und mit ca. fünf bis sieben Mitgliedern des Jugendhilfeausschusses geführt. Dabei wurde Wert darauf gelegt, sowohl möglichst alle im Ausschuss vertretenen Parteien als auch freie Träger zu berücksichtigen, was in den meisten Kommunen auch gelungen ist. Dabei kamen insge-

---

5   Einige Gesprächspartner aus Politik und Verwaltung, die sehr offen über die Probleme in ihrer jeweiligen Kommune sprachen, legten großen Wert darauf, dass ihre Kommune in diesem Kontext nicht erwähnt wird. Um die gewünschte Anonymität zu gewährleisten und eine gleichartige Darstellung von „positiven" und „negativen" Beispielen zu erreichen, werden die untersuchten Kommunen im vorliegenden Bericht nicht genannt.

samt 85 Interviews zu Stande (27% CDU/CSU, 25% SPD, 6% Bündnis 90/Grüne, je 1% FDP, PDS und ÖDP, 39% freie Träger).

- Des Weiteren wurde ein Workshop veranstaltet, der sich mit Perspektiven der Jugendhilfeausschuss-Arbeit befasste und dazu diente, Zwischenergebnisse mit Ausschussmitgliedern zu diskutieren und Ideen für die Gestaltung der Ausschussarbeit zu erarbeiten und auszutauschen. Teilnehmer/innen des Workshops waren gut 40 Vertreter/innen aus Jugendhilfeausschüssen, Jugendämtern, Wohlfahrtsverbänden und Wissenschaft. (zur Dokumentation des Workshops vgl. Stöbe-Blossey 2001a)

- Um einen Überblick darüber zu gewinnen, wie Jugendhilfeausschussmitglieder die aktuelle Entwicklung einschätzen, enthielt das Projekt auch eine schriftliche Befragung. Für die schriftliche Befragung wurde exemplarisch das Land Nordrhein-Westfalen ausgewählt. Auf Grund von Schwierigkeiten bei der Beschaffung von Adressenmaterial musste die Befragung auf die Ausschussvorsitzenden beschränkt werden. Damit kann die Befragung zweifellos nicht den Anspruch erheben, die Sichtweise der Mitglieder insgesamt abzubilden. Die Auswertung der mündlichen Interviews im Rahmen der Fallstudien deutet allerdings darauf hin, dass sich die Einschätzungen und Auffassungen von Vorsitzenden einerseits und „einfachen" Mitgliedern – einschließlich der Vertreter der freien Träger – andererseits nicht grundsätzlich voneinander unterscheiden; Unterschiede bestehen vor allem insofern, als die Vorsitzenden in der Regel besser informiert sind als der Durchschnitt der Mitglieder. Was die Bewertung der Verwaltungsmodernisierung und der damit zusammenhängenden Entwicklungen betrifft, ist davon auszugehen, dass die Ergebnisse bei einer Einbeziehung der „einfachen" Mitglieder sehr ähnlich ausgefallen wären.
Die Fragebögen wurden im Januar 2001 versandt; im März folgte ein Erinnerungsschreiben, dem erneut ein Fragebogen beilag; der Rücklauf lief bis Juli. Angeschrieben wurden die Vorsitzenden aller Jugendhilfeausschüsse bei den örtlichen Trägern der Jugendhilfe im Land Nordrhein-Westfalen; es handelt sich also um eine Totalerhebung bei den nordrhein-westfälischen Jugendhilfeausschuss-Vorsitzenden. In Nordrhein-Westfalen gibt es 171 Jugendämter (Stand 2000), davon 23 bei kreisfreien Städten (14%), 31 bei Kreisen (18%) und 117 bei kreisangehörigen Kommunen (68%). Die Rücklaufquote beträgt 44% (75 Fragebögen); es wurde somit ein erfreulich hoher Wert erreicht. Kreisfreie Kommunen und Kreise sind hier zu jeweils 20% vertreten, während die kreisangehörigen Kommunen mit 60% gegenüber ihrer tatsächlichen quantitativen Bedeutung leicht unterrepräsentiert sind. (für eine ausführliche Darstellung der Befragungsergebnisse vgl. Stöbe-Blossey 2001b)

- Ergänzend wurden Expertengespräche geführt, in denen teilweise Einzelaspekte vertieft, teilweise generelle Diskussionen zur Entwicklung der Verwaltungsreform geführt wurden. Die Gesprächspartner und Gesprächspartnerinnen kamen zum einen schwerpunktmäßig aus der Wissenschaft, den kommunalen Spitzenverbänden und den Wohlfahrtsverbänden. Zum anderen hatten einige Interviews, die im Rahmen der Fallstudien mit Jugendamtsleitern stattfanden, auch den Charakter von Expertengesprächen, weil über die Situation der jeweiligen Kommune hinaus grundsätzliche Fragen der Jugendhilfe diskutiert wurden.

Fasst man alle vier Elemente zusammen, so sind es etwa 220 Personen, die durch persönliche oder telefonische Interviews, die Diskussion bei dem Workshop und oder die Teilnahme an der Befragung dazu beigetragen haben, dass die Ergebnisses dieses Projektes zu Stande kommen konnten. Ihnen allen sei an dieser Stelle sehr herzlich für die Mitwirkung gedankt.

Im Folgenden wird zunächst in Teil 1 ein Überblick über die Modernisierungsstrategien gegeben, welche die Jugendämter betreffen. Dabei werden vor allem Fragen der Aufbauorganisation im Mittelpunkt stehen. In Teil 2 geht es um die Rolle und die Arbeit des Jugendhilfeausschusses. Teil 3 schließlich befasst sich mit den Kooperationsbeziehungen zwischen der Kommune und anderen Akteuren, wobei nicht nur die freien Träger als traditionelle Kooperationspartner, sondern auch bürgerschaftliche Initiativen und gewerbliche Anbieter als neu hinzukommende Akteure berücksichtigt werden.

1. Modernisierungsstrategien im Jugendamt

Im Zuge ihrer Publikationen zur Einführung der neuen Steuerungsmodelle hat die KGSt einige Berichte zur Jugendhilfe vorgelegt. In ihrem Bericht zum Thema „Outputorientierte Steuerung der Jugendhilfe" aus dem Jahre 1994 stellte sie fest, dass im Vergleich zu anderen Aufgabenbereichen Verfahren zur Verbesserung der Leistungs- und Kostentransparenz „im Jugend- und Sozialbereich (...) eher selten und noch nicht sehr weit entwickelt" (KGSt 1994: 7) sind. Angesichts der qualitativen wie quantitativen Bedeutung des Jugend- und Sozialbereichs sowohl für die Bürger als auch für die Kommune zielte sie daher darauf ab, am Beispiel der Jugendhilfe die Diskussion über die Entwicklung der neuen Steuerungsmodelle im Jugend- und Sozialbereich zu intensivieren.

In der Tat zeigt eine Befragung von Jugendämtern, die das Deutsche Jugendinstitut im Rahmen seines Projektes „Dauerbeobachtung der Jugendhilfe" (Seckinger/Weigel/van Santen/Markert 1998) im Jahre 1996 durchführte, dass zu diesem Zeitpunkt bereits 62% der Jugendämter Umstrukturierungen nach den Empfehlungen der KGSt vorgenommen hatten bzw. sie für die nächste Zeit planten (Seckinger/Weigel/van Santen/Markert 1998: 117). Aus der Befragung der nordrhein-westfälischen Jugendhilfeausschuss-Vorsitzenden 2001 geht hervor, dass in der Hälfte der Jugendämter Maßnahmen zur Verwaltungsmodernisierung durchgeführt wurden, bei einem weiteren Drittel sind sie in Planung.

In diesem Kapitel soll zunächst das Verhältnis zwischen den neuen Steuerungsmodellen und den fachlichen Anforderungen in der Jugendhilfe diskutiert werden, wobei sowohl auf de fachpolitische Debatte als auch auf empirische Beispiele einzugehen sein wird (1.1). Anschließend geht es um die Entwicklung der Aufbauorganisation (1.2), die für die Jugendhilfe auf Grund ihrer im KJHG definierten Strukturen von besonderer Bedeutung ist, und um die Implikationen für die Jugendhilfeausschüsse (1.3).

1.1   Die neuen Steuerungsmodelle und die fachlichen Anforderungen in der Jugendhilfe – ein Spannungsverhältnis?

Sowohl mit dem KGSt-Bericht als auch mit den Reformbestrebungen in einer wachsenden Zahl von Jugendämtern wurde eine umfangreiche und kontroverse fachpolitische Diskussion ausgelöst. Während also einerseits die Jugendämter von der KGSt wie auch von einigen Kommunen als Modellämter ausgewählt wurden, gibt es andererseits kaum einen Verwaltungsbereich, in dem Konzeption und Umsetzung der Reformen so umstritten waren. Daher sollen im Folgenden zunächst die fachpolitische Auseinandersetzung um die neuen Steuerungsmodelle (1.1.1) und dann die praktischen Umsetzungsstrategien (1.1.2) diskutiert werden.

1.1.1   Die fachpolitische Kontroverse um die neuen Steuerungsmodelle

Kritisiert wurde in der fachpolitischen Diskussion zunächst vor allem die konstatierte Ökonomisierung: Die den neuen Steuerungsmodellen zu Grunde liegende Sichtweise der (Sozial-) Verwaltung leiste „einer unbegrenzten Idealisierung eines Marktmodells Vorschub" (Schmidt 1996: 40); darüber hinaus „werden in diesem Kontext vorschnell sekundäre Maßstäbe, die in rein betriebswirtschaftlichen Denkstrukturen und -traditionen ihren Ursprung haben, auf den Bereich der sozialen Dienstleistungserbringung gestülpt, mit der Konsequenz, dass kurzfristige finanztechnische Haushaltskonsolidierungsprogramme unter den aktuellen Vorzeichen die politischen Handlungsvollzüge beherrschen" (Schmidt 1996: 42). Diese konstatierte Entwicklungstendenzen wurden als Widersprüche zu der fachlichen Perspektive von sozialer Arbeit betrachtet: „Die Steuerungsmodelle, wie sie gegenwärtig in der Jugendhilfe diskutiert werden, orientieren sich entsprechend kaum an sozialpädagogischen Zielen und professionellen Standards, sondern vorrangig an rechtlich-administrativen Vorgaben." (Schmidt 1996: 44) Die Angemessenheit des Grundgedanken des Kontraktmanagements wurde grundsätzlich in Frage gestellt: „Die in dem Konzept des Kontraktmanagements angelegte Konzentration von Handlungsmotiven in den Verwaltungen auf ökonomischrationale Interessenlagen kollidiert partiell mit professionellen Handlungsstandards in der Sozialen Arbeit, die gerade nicht schematisiert und eindeutig kalkuliert werden können und deren spezifischer Charakter gerade in der flexiblen, individuellen Bearbeitung sozialer Probleme liegt." (Flösser 1996: 70)

Diese Kritik ist durchaus erklärbar, wenn man die manchmal sehr technokratische Präsentation der Verwaltungsmodernisierung betrachtet. Außerdem ist diese Kritik teilweise dadurch bedingt, dass sich – vor allem im Zuge der kommunalen Finanzkrise – Theorie und Praxis der neuen Steuerungsmodelle voneinander entfernt haben: „Zur Verdeutlichung ein Beispiel: Budgetierung hat auf der konzeptionellen Ebene zur Grundlage, dass auf der Basis von Zielvereinbarungen ein darauf ausgerichtetes Budget ausgehandelt wird – im praktischen Vollzug wird Budgetierung demgegenüber vielfach als Verfahren begriffen, bei dem der Haushaltsansatz des letzten Jahres, um einen Prozentsatz gekürzt, auf das nächste Jahr übertragen und an die Verantwortlichen die Anforderung gerichtet wird, mit dem geringeren Geld im nächsten Jahr möglichst so flexibel umzugehen, dass sie damit ihre Aufgaben in gleicher Weise erbringen können." (Merchel 1996a: 148) Die neuen Steuerungsmodelle werden damit durch die Praxis der Umsetzung diskreditiert; die Befürchtung, dass sie vorrangig der Realisierung von Sparzwängen dienen, findet immer wieder neue Nahrung.

Damit erklärt sich auch zumindest teilweise die grundsätzliche Abwehrhaltung, die nicht selten bei Vertretern der sozialen Arbeit vorzufinden ist. Zwar kann sich auch die Sozialarbeit Anforderungen nach Wirtschaftlichkeit nicht entziehen. Jedoch ist zuzugestehen, dass – insbesondere langfristige – gesellschaftliche Auswirkungen bestimmter Leistungen (oder ihrer Reduzierung) schwer messbar sind. Damit laufen betriebswirtschaftliche Kriterien der Wirtschaftlichkeit im Sozialbereich in besonderem Maße Gefahr, zu volkswirtschaftlich betrachtet kontraproduktiven Schlussfolgerungen zu führen.

Eine grundsätzliche Abwehrhaltung gegenüber den neuen Steuerungsmodellen ignoriert aber die Chancen, die eine Dezentralisierung der Ressourcenverantwortung gerade für eine an fachlichen Kriterien orientierte Arbeit bringt – nämlich einen höheren Freiraum bezüglich der Prioritätensetzung und der Ausgestaltung von Maßnahmen. So verwiesen beispielsweise Jugendverbandsvertreter – bei aller Skepsis – schon in einem frühen Stadium der Diskussion auch auf Chancen der in den im Neuen Steuerungsmodell enthaltenen Dezentralisierungsanforderungen: „Ein zentrales Element für die Beteiligung junger Menschen an politischen Entscheidungen und für das Erlernen des Wertes der Beteiligung liegt in der Gestaltung partizipativer Strukturen im Alltag der Jugendarbeit. Gemeint ist hier die stärkere Beteiligung junger Menschen an der Ausrichtung und Programmgestaltung in Jugendverbänden, Jugendfreizeitstätten und anderen Einrichtungen der Jugendarbeit. Eine Grundbedingung für die Entwicklung von Beteiligungsmöglichkeiten junger Menschen in der Jugendarbeit liegt wiederum in erweiterten Gestaltungs- und Entscheidungskompetenzen für die dort freiwillig und hauptamtlich tätigen Mitarbeiterinnen und Mitarbeiter. Ohne dass die

Mitarbeiterinnen und Mitarbeiter selbst über gesicherte und transparente Mitsprache- und Entscheidungsrechte verfügen, können sie mit Kindern und Jugendlichen solche Strukturen und Verhaltensweisen nicht wirklich einüben und praktizieren. Hier könnte das Neue Steuerungsmodell durch Abbau hierarchischer Strukturen und Aufbau dezentraler Ressourcenverantwortung einen Fortschritt bringen." (Berthelmann/Niehaus 1996: 289)

Auf Kritik stieß des Weiteren die Art und Weise, wie die modellhaften Produktbeschreibungen der KGSt formuliert sind: „Der aktuelle Zuschnitt des Steuerungsinstrumentes ‚Produktbeschreibungen' der KGSt verleitet vielmehr dazu, geplante Aktivitäten bereits dann als ‚Erfolg' zu werten, wenn sie durchgeführt wurden und andere, zusätzliche Maßnahmen nicht mehr zu entwickeln, bzw. nicht zu finanzieren, weil sie nicht in der offiziellen Produktbeschreibung enthalten sind. Beim derzeitigen Stand der KGSt-Vorgaben ist zu befürchten, dass sich die Fachkräfte nach der Erstellung und der jeweiligen aktuellen Überarbeitung der Maßnahmekataloge erschöpft und zufrieden zurücklehnen und glauben, damit genug für die Qualitätsentwicklung und -sicherung getan zu haben." (Heiner 1996: 217) Auch diese Kritik erklärt sich aus der teilweise technokratischen Orientierung der Verwaltungsreform. Die Beschränkung von „Reformen" auf eine möglichst perfektionierte Produktdefinition wird im Übrigen inzwischen auch von vielen Protagonisten der neuen Steuerungsmodelle kritisch betrachtet.

Auf Ablehnung trafen auch der Kundenbegriff und die Formulierung von der Kommune als Dienstleistungsunternehmen. So wurde festgestellt, dass es sich bei der Bezeichnung von Jugendhilfe als Dienstleistung um eine Ideologie handle, die den „nach wie vor bestehenden – und auch begrenzt durchaus notwendigen – Interventionscharakter der Jugendhilfe leugnet" (Richter 1994: 123). Joachim Merchel nannte in diesem Kontext mehrere Aspekte, die seiner Auffassung nach die einschränkungslose Übertragung eines kundenorientierten Dienstleistungsbegriffs auf die Jugendhilfe unmöglich machen:

- „Jugendhilfe erhält ihren Handlungsauftrag nicht nur von den Adressaten, sondern folgt in ihrem Handeln auch einem gesellschaftlichen Normalisierungsauftrag, und die Ausübung dieser Funktionen ist mit Handlungsimplikationen verbunden, die sich in Kunden-Anbieter-Beziehungen nicht ausreichend erfassen lassen.
- Ein großer Teil der Leistungen in der Jugendhilfe wird nicht allein auf Grund von Bedürfnisäußerungen der 'Kunden' in Gang gesetzt, sondern die Leistung wird vor ihrem Zustandekommen einer sozialpolitischen Plausibilitätskontrolle unterzogen. Beispiele sind die Leistungen der Erziehungshilfe oder Zuteilung bei knappen Angeboten (z.B. Plätze für Kinder unter drei Jahren in Tageseinrichtungen).
- Jugendhilfe benötigt auch infrastrukturelle Handlungsansätze, die weder in einem kundenbezogenen Dienstleistungsbegriff aufgehen noch der Dominanz des Einzelfalls unterzogen werden dürfen.

- Die Sozialarbeiter-Adressat-Beziehung in der Jugendhilfe haben eine außerordentlich komplexe Struktur (Nähe-Distanz-Problem, kompliziertes Verhältnis im Hinblick auf Verantwortung, Prägung durch persönliche Beziehungen, notwendige Mitarbeit des Adressaten am Zustandekommen und an der Gestaltung einer Leistung etc.), die durch eine äußerliche Gegenüberstellung eines die Leistung Anbietenden und eines die Leistung annehmenden Menschen nicht annähernd beschrieben ist." (Merchel 1996a: 149f.)

Merchel betont aber auch, „dass der Dienstleistungsbegriff mit seiner ‚Kunden‘-Logik nicht allein von außen, also aus einer betriebswirtschaftlich ausgerichteten Perspektive der Verwaltungsmodernisierung, an die Jugendhilfe herangetragen worden ist, sondern mit fachlichen Orientierungen übereinstimmt und sie aufnimmt" und nannte als Stichworte dieser Fachdebatte „Betroffenenorientierung, Betroffenenpartizipation, Anerkennung der Subjekthaftigkeit von Adressaten, Plädoyer gegen Entmündigung, Entstigmatisierung etc." (Merchel 1996a: 150). Auch die gesetzlich geforderte Beteiligung der Betroffenen an der Erstellung eines Hilfeplans und die Betonung der Freiwilligkeit bei der Inanspruchnahme von Hilfen dokumentieren, dass die Gedanken der Dienstleistungs- und Kundenorientierung im KJHG enthalten sind. Merchel kam daher zu der Schlussfolgerung, dass trotz der angeführten Einschränkungen „die im KJHG zu Tage tretende Tendenz in Richtung ‚Dienstleistung‘ eindeutig [ist]. Das KJHG fordert eine Jugendhilfe,

- die sich die Adressatenwünsche stärker bewusst macht und diese in den Mittelpunkt ihrer Gestaltungsprozesse stellt,
- die dementsprechend zu einer Überprüfung bisheriger professioneller Denk- und Handlungsmuster auffordert (expertenbestimmte Logik in Spannung zur Aushandlungslogik),
- die die Selbstbezüglichkeit von Institutionen der Jugendhilfe in eine kritische Diskussion hineinzieht." (Merchel 1996a: 151)

Auch andere Autoren vertraten die Auffassung, dass der Begriff der Kundenorientierung durchaus von Nutzen ist: „Für die Denkfigur der ‚Kundenorientierung‘, so begrenzt richtig sie (...) nur sein kann – spricht die Notwendigkeit, die Klientinnen von Humandienstleistungen als aktive und autonome Partnerinnen im Prozess der Produktion ihrer eigenen Gesundheit, Ausbildung, Persönlichkeitsentwicklung etc. zu sehen. Aus abhängigen ‚Klientinnen‘ dabei so weit wie möglich kritische ‚Kundinnen‘ oder ‚Nutzerinnen‘ zu machen, ist eine Aufgabe sozialer Arbeit, deren Erfüllung gerade bei zunehmender Differenzierung und Unübersichtlichkeit der Dienstleistungsangebote immer wichtiger wird." (Heiner 1996: 212)

Gaby Flösser argumentierte ähnlich, indem sie den Begriff der Kundenorientierung als „Metapher" bezeichnete, die „die Forderung nach einem dringlichen Perspektivwechsel unterstreichen, indem die, komplementär zu der strukturellen Anbieterdominanz der sozialen Dienste, die sich aus ihrem ordnungspolitischen Auftrag ergibt, die Nachfragedimension als bislang vergessene Ressource in ihrer Bedeutung stärkt" (Flösser 1996: 64). Ebenso wie Joachim Merchel (1996: 151) verwies sie darauf, dass die Forderung nach Dienstleistungs- und Kundenorientierung in Einklang mit dem 9. Jugendbericht (1994) steht (Flösser 1996: 69). Dort heißt es:

„Die zentrale Herausforderung liegt für die Jugendhilfe darin, ein eigenständiges fachliches Profil zu entwickeln, das den Perspektivwechsel von einem staatlichen bzw. parastaatlichen Eingriff hin zu einer sozialen Dienstleistungsorientierung entspricht. (...) Die stärkere Durchsetzung der Nachfragedimension in der Jugendhilfe setzt gegenüber der vorherrschenden Anbieterposition einen prinzipiellen Perspektivenwechsel voraus, der die Einstellungen, Haltungen und Orientierungen der jungen Menschen sowie deren individuelle Problemlösungskompetenzen und Ressourcen bzw. deren Bedarf an sozialer Unterstützung mit der Angebotsseite der Jugendhilfe verknüpft. Dabei gilt es, den bisherigen organisatorischen und professionellen Standard in der Jugendhilfe entwicklungstheoretisch und empirisch zu evaluieren und mit den Kriterien der sozialen Dienstleistung zu verbinden." (BMFSFJ 1994: 1584) Gefordert wird abschließend ein „Perspektivenwechsel von einer Fachbehörde hin zu einer modernen Dienstleistungsorganisation" (BMFSFJ 1994: 586).

Inzwischen scheint die Grundsatzkritik an der Verwaltungsmodernisierung an Bedeutung verloren zu haben. Dies mag teilweise mit der „normativen Kraft des Faktischen" zu tun haben: In nahezu zehn Jahren Reformdiskussion haben Entwicklungen stattgefunden, die nun nicht mehr grundsätzlich in Frage gestellt werden. Ein weiterer Grund kann darin gesehen werden, dass in den meisten Kommunen die neuen Steuerungsmodelle nicht in der Konsequenz umgesetzt wurden, wie es von den einen erhofft und von den anderen befürchtet wurde. Schließlich – darauf wird im nächsten Abschnitt noch zurückzukommen sein – zeigen die hier überblicksartig zusammengestellten Argumente, dass die neuen Steuerungsmodelle keineswegs zwangsläufig als kontraproduktiv für fachliche Anforderungen der Jugendhilfe betrachtet werden müssen, sondern dass sich im Gegenteil daraus auch Chancen ergeben.

Betrachtet man die Ergebnisse der schriftlichen Befragung der nordrhein-westfälischen Jugendhilfeausschuss-Vorsitzenden, so zeigt sich, dass fast drei Viertel der Befragten der Meinung sind, dass für die Zukunft der Jugendhilfe Reformen in der Jugendamtsverwaltung notwendig sind. Immerhin fast zwei Drittel finden, dass die aktuellen Diskussionen zur Verwaltungsmodernisierung wichtige Impulse für die Jugendämter bringen; ausdrücklich abgelehnt wird diese Aussage nur von 12%. Dementsprechend sind auch nur 15% der Auffassung, dass die Konzepte zur Verwaltungsmodernisierung („Neues Steuerungsmodell"), die seit einigen Jahren diskutiert werden, für die Jugendhilfe völlig ungeeignet sind, über 70% sind der gegenteiligen Meinung.

Noch etwas günstiger fällt das Bild aus, wenn man die Auswertung der Interviews mit Jugendhilfeausschuss-Mitgliedern betrachtet: Hier befürworten 67% die Maßnahmen in der eigenen Kommune, 13% halten sie für schlecht, 8% sehen sowohl positive als auch negative Aspekte, 12% wollen keine Bewertung vornehmen. Da es sich bei den ausgewählten Kommunen um solche handelt, die – zumindest in Teilaspekten – durch eine eher offensive Reformstrategie gekennzeichnet sind, lässt sich aus den Ergebnissen der Schluss ziehen, dass die konkrete Erfahrung mit der Modernisierung tendenziell dazu führt, dass die Ausschussmitglieder die Vorteile sehen. Umgekehrt kann auch vermutet werden, dass die grundsätzliche Ablehnung der Modernisierung, die vor allem für den Beginn der Reformphase kennzeichnend war, als ein Zeichen von Unsicherheit gewertet werden kann.

Dies gilt allerdings nicht generell: Unter den 15 untersuchten Kommunen befindet sich eine, die zwar relativ früh ihre Aufbauorganisation grundlegend umgestaltet hat und daher in der einschlägigen Diskussion oft als „fortgeschritten" bezeichnet wird. Jedoch ist der neue Aufbau in Politik und Verwaltung umstritten, die Umstrukturierung fand weitgehend ohne Politikbeteiligung statt, und die Entwicklung von Steuerungsinstrumenten, wie etwa im Hinblick auf ein Berichtswesen, ist in den Ansätzen stecken geblieben. Diese Kommune gehört zu den dreien der 15 untersuchten Fälle, in der negative und unentschiedene Stimmen überwiegen. Die beiden anderen Kommunen, in denen eine eher negative Bewertung zu verzeichnen ist, sind durch ein hohes Maß an Unzufriedenheit mit der Beteiligung des Ausschusses (vgl. 2.1) und durch einen als unbefriedigend empfundenen Umsetzungsstand der Reformen gekennzeichnet. Eine grundsätzliche Kritik an der Eignung der neuen Steuerungsmodelle steckt in keiner der drei Kommunen hinter der negativen Bewertung.

Spiegelt man die Befragungsergebnisse mit den Aussagen aus Expertengesprächen, so zeigt sich, dass neue Steuerungsmodelle in der Jugendhilfe in der Tat inzwischen ein Stück Normalität geworden sind. Dem Umsetzungsstand stehen die Experten oft deutlich kritischer gegenüber als Ausschussmitglieder: Letztere stellen in vielen Reformkommunen fest, dass es im Vergleich zur Situation vor Beginn der Modernisierungsbestrebungen einzelne Verbesserungen gegeben hat, und beurteilen auf dieser Basis die Reformen als grundsätzlich positiv. Erstere messen die erzielten Verbesserungen eher an dem Anspruch, der mit den Reformen verbunden war, und kommen damit zu kritischeren Einschätzungen.

1.1.2 „Reformtypen" in den Jugendämtern

Die Umsetzung der Modernisierungskonzepte stellt sich in den einzelnen Jugendämtern sehr unterschiedlich dar. Vergleicht man nach einigen Jahren Modernisierungspraxis die Reformstrategien, die in den Jugendämtern verfolgt werden, so kristallisieren sich drei Reformtypen heraus (vgl. Kasten). Diese drei Reformtypen lassen sich danach klassifizieren, welches Gewicht einerseits den neuen Steuerungsmodellen, andererseits fachlichen Reformanforderungen der Jugendhilfe zugemessen wird. Die Übergänge zwischen den drei Typen sind zweifellos fließend; die Klassifizierung ist jedoch hilfreich für das Verständnis der jeweils verfolgten Strategie.

Reformstrategien in Jugendämtern

- Einige Jugendämter orientieren sich vor allem an den neuen Steuerungsmodellen. Die Bildung von Produkten, die Budgetierung und ein kennzahlengestütztes Berichtswesen stellen Schwerpunkte der Umstrukturierung der Verwaltungsabläufe dar. Diese Strategie ist oft verbunden mit einer starken Priorität der Kostensenkung. Wir umschreiben diese Orientierung mit dem Stichwort *„betriebswirtschaftliche Strategie"*.
- Andere Jugendämter orientieren sich vor allem an fachlichen Reformanforderungen: Hier geht es vorrangig um eine verbesserte Umsetzung des KJHG und um die Verwirklichung einer sozialraumorientierten Arbeitsweise. Neue Steuerungsinstrumente werden nur insoweit implementiert, als dies von der Gesamtverwaltung her vorgegeben wird. Teilweise werden diese Instrumente mehr oder weniger stark als Fremdkörper für die Jugendhilfe empfunden. Diese Vorgehensweise lässt sich als *„jugendhilfebezogene Strategie"* bezeichnen.
- Eine dritte Gruppe von Jugendämtern versucht, beide Reformansätze aktiv zu verknüpfen. Hier werden die Elemente der neuen Steuerungsmodelle als Instrumente betrachtet, mit deren Hilfe man fachliche Ziele besser realisieren kann, und an die speziellen Anforderungen der Jugendhilfe angepasst. Es handelt sich somit um eine *„Verknüpfungsstrategie"*.

Die an dritter Stelle genannte Verknüpfungsstrategie bedarf einer Erläuterung. Konkret lässt sich die aktive Verknüpfung beider Reformansätze an unterschiedlichen Handlungsfeldern festmachen:

- Wenn innerhalb der Gesamtverwaltung eine konsequente Budgetierung realisiert wird, kann das Jugendamt seine Autonomie in der Ressourcenbewirtschaftung dazu nutzen, sozialraumbezogene Budgets einzurichten (vgl. auch KGSt 1998). Dezentralisierung der Ressourcenverantwortung in der Gesamtverwaltung ermöglicht eine weitere Dezentralisierung innerhalb des Amtes (vgl. 1.2.1/1.2.2).
- Eine wesentlich höhere Bedeutung kommt der dezentralen Ressourcenverantwortung im Hinblick auf die fachlich nutzbare Flexibilität zu: „Präventive Projekte, für die ich kurzfristig mehr Geld brauche, muss ich nun nicht mehr gegenüber dem Kämmerer begründen, weil ich weiß, dass sie in meinem Budget mittelfristig zu Einsparungen führen.", so die Aussage eines Interviewpartners aus einer Jugendamtsverwaltung. In diesen Möglichkeiten werden in vielen Jugendämtern die Hauptvorteile der neuen Steuerungsmodelle gesehen.
- Die Jugendhilfeplanung kann gestärkt und als Basis für ein Berichtswesen genutzt werden: Im Dialog mit den lokalen Akteuren werden Jugendhilfepläne erarbeitet, um Bedarfe festzustellen und auf dieser

Grundlage Prioritäten zu setzen und Maßnahmen abzuleiten. Über die Umsetzung der Maßnahmen wird regelmäßig berichtet. Eine solche Vorgehensweise bietet die Chance, fachspezifische und qualitative Aspekte im Berichtswesen zu verankern. Dort, wo eine gezielte Verknüpfung einer dialogorientierten Jugendhilfeplanung mit dem Berichtswesen betrieben wird, zeigt sich, dass der Gesamtprozess von den Ausschussmitgliedern außerordentlich positiv bewertet wird. Genutzt werden diese Chancen dennoch selten: In vielen Fällen fristet die Jugendhilfeplanung trotz der gesetzlichen Vorgaben ein Schattendasein oder wird sogar weiter in den Hintergrund gedrängt, weil die konzeptionellen Kräfte auf die Umsetzung der neuen Steuerungsmodelle konzentriert werden.

– Sowohl von Ausschussmitgliedern als auch von Verwaltungsvertretern wird häufig ein Anstieg der fachlichen Anforderungen an die Jugendhilfeausschussarbeit konstatiert, mit dem die Qualifikation der Mitglieder nicht Schritt hält. Ein Berichtswesen, das handhabbare Informationen sowohl quantitativer als auch qualitativer Art enthält, kann vor diesem Hintergrund zur Qualifizierung der Ausschussarbeit dienen.

– Produkte können als Grundlage für Transparenz über das Leistungsspektrum und für Leistungsverträge genutzt werden. Dies setzt allerdings eine konsequente Produktorientierung im kommunalen Haushalt voraus. Dort, wo dies realisiert ist, sehen die meisten Ausschussmitglieder die Produkte – auch wenn sie anfangs oft skeptisch waren – als wichtiges Arbeitsinstrument an.

Die Beispiele zeigen, dass neue Steuerungsmodelle einerseits und fachliche Anforderungen der Jugendhilfe andererseits keineswegs Gegensätze sind. Vielmehr können die neuen Steuerungsinstrumente in der Tat zur fachlichen Weiterentwicklung genutzt werden. Dies gilt allerdings nur dann, wenn die Verknüpfung offensiv betrieben wird; eine technokratische Anwendung von Instrumenten reicht nicht aus.

1.2 Umstrukturierung der Aufbauorganisation

Nach den konzeptionellen Vorstellungen, die den neuen Steuerungsmodellen zu Grunde liegen, soll die Aufbauorganisation in der Kommune so umgestaltet werden, dass die Verantwortung für zusammenhängende Produkte möglichst in einer Organisationseinheit liegt. Diese Organisationseinheit soll sowohl die fachliche Zuständigkeit als auch – im Unterschied zur herkömmlichen Verwaltungsorganisation – eine möglichst weit reichende Verantwortung für die Ressourcen haben („dezentrale Ressourcenverantwortung"). Ämter werden dem Modell zufolge aufgelöst; stattdessen werden (größere) Fachbereiche gebildet. Die Auswirkungen dieser Konzeption auf die Jugendämter sollen im Folgenden dargestellt und diskutiert werden.

1.2.1 Modellvarianten in der Aufbauorganisation

In den meisten Kommunen ging und geht die Einführung neuer Steuerungsmodelle einher mit einer mehr oder weniger tief greifenden Umstrukturierung der Aufbauorganisation. Während es bislang in den meisten Kommunen Jugendämter mit recht vergleichbarem Aufgabenzuschnitt gab, führten die Reformen zu höchst unterschiedlichen Lösungen[6]:

In den meisten Kommunen gibt es nach wie vor eine Organisationseinheit mit dem „klassischen" Aufgabenzuschnitt des Jugendamtes, so wie dies nach dem KJHG vorgesehen ist. Dabei lassen sich drei Varianten unterscheiden:

- In einigen Kommunen wurde das Jugendamt zu einem eigenen Fachbereich (mit unterschiedlichen Benennungen, etwa „Fachbereich für Kinder, Jugendliche und Familien"[7]). Dies ist insbesondere bei Jugendämtern der Fall, die eine im Verhältnis zur Gesamtverwaltung große Mitarbeiterzahl aufweisen (etwa weil sie relativ viele Aufgaben nicht an freie Träger delegiert haben, sondern selbst erledigen). Des Weiteren findet sich diese Lösung in Kommunen, die sich für die Bildung von verhältnismäßig vielen und damit eher kleinen Fachbereichen entschieden haben.
- In manchen Fällen wird das Jugendamt zu einer Abteilung innerhalb eines Fachbereichs, bleibt aber insoweit eigenständig, als es keine inhaltliche Integration mit den anderen Abteilungen des Fachbereichs gibt. Die Situation ist insofern vergleichbar mit der eines herkömmlichen Amtes in einem Dezernat. Eine solche Konstruktion gibt es vor allem bei eher kleinen Jugendämtern oder bei Kommunen, die nur wenige und damit sehr große Fachbereiche geschaffen haben.
- In anderen Kommunen wurde die herkömmliche Organisationsstruktur beibehalten. In diesem Fällen bleibt es beim „klassischen" Jugendamt.

Dass das Jugendamt eine, wie auch immer bezeichnete und angesiedelte, eigene Organisationseinheit ist, ist aber keine Selbstverständlichkeit mehr. Wenn es eine solche Einheit nicht mehr gibt, gibt es zwei Varianten der Strukturierung:

- Einige Kommunen haben im Zuge der Fachbereichsbildung die Aufgaben der Jugendhilfe mit anderen Aufgaben zusammengefasst, wobei in

---

6   Zu der Diskussion um die Aufbauorganisation sowie zu einigen Beispielen vgl. Liebig 2001:79ff.
7   Insofern kann man eigentlich nicht mehr von dem „Jugendamt" als für alle Kommunen gültige Bezeichnung der für die Aufgabe der Jugendhilfe zuständigen Einheit sprechen; die Benennungen variieren inzwischen sehr stark. Aus Gründen der sprachlichen Vereinfachung wird in diesem Beitrag dennoch der Begriff „Jugendamt" als Sammelbegriff für die für Jugendhilfeaufgaben zuständige Organisationseinheit beibehalten.

der Regel das Ziel verfolgt wird, diese Aufgabenfelder nicht nur organisatorisch nebeneinander zu stellen, sondern inhaltlich zu integrieren. Von Bedeutung ist hier vor allem die Zusammenführung mit dem Sozialbereich und darüber hinaus mit dem Schulbereich.

– In anderen Kommunen schließlich gibt es keine zusammenhängende Organisationseinheit für die Aufgaben der Jugendhilfe mehr. Die einzelnen Aufgaben sind in diesen Fällen auf mehrere Abteilungen aufgeteilt und in einen größeren Fachbereich integriert, in dem auch noch andere Aufgaben wahrgenommen werden. So können beispielsweise in einem kommunalen Fachbereich drei von acht Abteilungen mit Aufgaben der Jugendhilfe befasst sein. Teilweise sind die Aufgaben – beispielsweise die Kindertageseinrichtunge oder Jugendzentren – auch als Regie- oder Eigenbetriebe organisiert.

Veränderungen in der äußeren Struktur des Jugendamtes, die in Zusammenhang stehen mit der generellen Neuordnung der Aufbauorganisation der jeweiligen Kommune, stellen allerdings nur einen Teil der Veränderungen dar. Die meisten Jugendämter haben darüber hinaus – oder auch stattdessen – interne Veränderungen vorgenommen oder sind im Begriff, dies zu tun. Hier handelt es sich meistens nicht um eine einmalige Strukturentscheidung, sondern um einen Prozess in mehreren Stufen.

Bei allen Unterschieden im Detail lässt sich feststellen, dass der dominierende Trend dahin geht, sozialraumorientiertes Arbeiten organisatorisch zu unterstützen. Diesem Trend liegt – bei allen Unterschieden im Detail – die Annahme zu Grunde, dass Jugendhilfe nicht vorrangig an den Defiziten eines Einzelfalls ansetzen, sondern präventiv agieren und dazu die Ressourcen eines Sozialraumes bündeln soll (Hinte/Litges/Springer 1999). Für die Organisation innerhalb der Jugendämter bedeutet dies, dass fachbezogene, nach den Leistungsarten des KJHG gegliederte Strukturen an Bedeutung verlieren zu Gunsten von stadtteilorientierten Organisationsstrukturen. Dabei sind die Varianten so vielfältig, dass hier nur exemplarisch einige Ansätze skizziert werden können.

Einige Jugendämter wollen Spezialzuständigkeiten für bestimmte Leistungen möglichst weitgehend auflösen und in den Allgemeinen Sozialdienst integrieren. Dieser wiederum wird in regionalen Teams organisiert. Kommunen, in denen Jugend- und Sozialamt zusammengefasst wurden, integrieren in diese Teams teilweise auch die für die Sozialhilfe zuständigen Mitarbeiter. Andere Kommunen behalten zwar die Spezialzuständigkeiten bei, versuchen aber über eine Matrixorganisation, die auf einen Sozialraum bezogene Zusammenarbeit zu verbessern. Vor allem Großstadtjugendämter, aber auch Ämter in kleineren Kommunen streben eine räumliche Dezentralisierung des Amtes an. Teilweise werden die regionalen Teams komplett in die Stadtteile verlagert, teilweise installiert man in jedem Stadtteil zumindest einen Ansprechpartner.

Inzwischen wird verstärkt versucht, die freien Träger in sozialraumorientierte Strukturen einzubinden. Dies geschieht teilweise über Stadtteilkonferenzen, in denen alle in einem Stadtteil tätigen Akteure an einen Tisch geholt werden. Einige Kommunen sind auch dazu übergegangen, die Arbeitsgemeinschaften nach § 78 KJHG, die ein wichtiges Forum für die Kooperation der Träger bilden, nicht mehr, wie weithin üblich, nach Leistungsarten, sondern nach Sozialräumen zu organisieren. Darüber hinaus werden die Träger mancherorts dazu angeregt, sowohl ihre eigenen Organisationsstrukturen sozialraumbezogen anzupassen als auch sich auf bestimmte Sozialräume zu konzentrieren. Schließlich wird über die Einrichtung von sozialraumbezogenen Steuerungsgremien diskutiert, in denen unterhalb des Jugendhilfeausschusses die „vor Ort" tätigen Akteure Verantwortung für den jeweiligen Stadtteil übernehmen sollen (vgl. bspw. BMFSFJ 1994: 566).

Im Zuge der Einführung einer dezentralen Ressourcenverantwortung ist es weiterhin möglich, innerhalb des Jugendamtes die Finanzmittel sozialraumbezogen zu budgetieren. Es scheint allerdings so zu sein, dass diese Möglichkeiten selbst dort, wo die Arbeit in sozialraumbezogenen Teams organisiert wird, selten genutzt werden. Dies hängt nicht zuletzt damit zusammen, dass einzelne Problemfälle – wie etwa Heimunterbringungen – das Budget eines Sozialraums leicht sprengen können und Verschiebungen zwischen den Sozialräumen erfordern würden. Dies gilt insbesondere dort, wo die Sozialräume eher kleinräumig definiert sind. Realisierbar dürfte diese Option insofern in erster Linie in Großstädten sein.

Ein sehr weit gehendes Modell sozialraumorientierter Organisation besteht darin, eine sozialraumbezogene Budgetierung vorzunehmen und die einzelnen Sozialraumbudgets zur Bewirtschaftung an jeweils einen Träger oder Trägerverbund zu vergeben (bspw. Stuttgart; vgl. BMFSFJ 2000[8]). Während über die Sinnhaftigkeit sozialraumorientierter Arbeit generell ein weit gehender Konsens herrscht, ist ein solches Modell hochgradig umstritten und hat auch Implikationen auf die Rolle des Jugendhilfeausschusses. Hierauf wird im Kontext der Kontroversen über die Aufbauorganisation noch einzugehen sein.

1.2.2 Kontroversen über die Aufbauorganisation

Sowohl die Zusammenfassung der Jugendhilfe mit anderen Aufgabenfeldern als auch die Aufteilung auf Abteilungen wurde in der Fachwelt sehr kontrovers diskutiert. Verwiesen wird dabei auf das KJHG, das die Wahrnehmung der Jugendhilfeaufgaben durch ein eigens zu errichtendes Jugendamt vorschreibt. Mit dieser Regelung sollte die sozialpädagogische Autonomie der Jugendhilfe organisatorisch abgesichert werden (Münder 1996: 92); das Jugendamt sollte eine eigenständige sozialpädagogische Fachbehörde sein.

---

8   Zu rechtlichen und tatsächlichen Problemen einer solchen sozialraumorientierten Steuerung der Jugendhilfe vgl. Münder 2001.

Angesichts dessen gibt es durchaus unterschiedliche Auffassungen darüber, ob die Praxis der Integration von Jugendhilfeaufgaben in größere Fachbereiche überhaupt zulässig ist. Die Befürworter sprechen von der „weit gehenden Aufhebung überkommener Zuständigkeitsgrenzen – die sich eher aus vorwiegend angewandten Rechtsgrundlagen herleiten als durch Abgrenzbarkeit von zu thematisierenden Lebenslagen (...)" (Rößler 1997: 72) und sehen Chancen für stärker integrierte, lebensweltbezogene Arbeitsansätze. Kritiker hingegen warnen vor einer „Sozialpolitisierung der Jugendhilfe" (Greese 1997: 83) und sehen insbesondere durch eine Zusammenfassung mit Sozialhilfeaufgaben die emanzipatorischen Ansätze gefährdet.

Bis hin zu der Forderung nach einem Einschreiten der Kommunalaufsicht (Greese 1997: 84) geht die Kritik an der Aufgliederung von Aufgaben der Jugendhilfe in weitgehend verselbstständigte Organisationseinheiten (Regiebetriebe, Eigenbetriebe). In einer derartigen organisatorischen Aufsplitterung wird von einigen eine Gefährdung der Einheit der Jugendhilfe gesehen. Es gibt die Befürchtung, dass das nach der Ausgliederung von Dienstleistungsbereichen übrig gebliebene ‚Jugendamt' Abstand nehmen würde von den Perspektiven präventiver, sozialstrukturell orientierter und der sozialen Daseinsvorsorge verpflichteten Jugendhilfe und zu einem ordnungsbehördlich-hoheitlichem Paradigma zurückkehren könnte.

Die KGSt greift diese Diskussionen in ihrem Bericht zur „Aufbauorganisation in der Jugendhilfe" auf und vertritt die Auffassung, dass „die Vor- und Nachteile einer Einbindung des Jugendamtes in einen umfassenden Fachbereich (...) noch nicht hinreichend sicher eingeschätzt werden" (KGSt 1995b: 9) können. In jedem Falle sei bei einer „Zusammenfassung von Jugendhilfeaufgaben mit fachlich nahe stehenden Aufgaben (...) Folgendes zu gewährleisten:

– Die dem Jugendamt durch das KJHG zugewiesenen Entscheidungsmöglichkeiten dürfen nicht eingeschränkt werden.
– Der Jugendhilfeausschuss ist für die Aufgaben des örtlichen Trägers nach dem KJHG zuständig.
– Das insbesondere in § 72 bestimmte fachliche Profil der Mitarbeiterinnen und Mitarbeiter für die Wahrnehmung von Jugendhilfeaufgaben muss erhalten bleiben.
– Die Erhebung, Verwendung und Weitergabe von personenbezogenen Daten der Jugendhilfe im Fachbereich ist eindeutig nach den Vorschriften des KJHG zu regeln." (KGSt 1995b: 8f.)

Es liegen keine Untersuchungen vor, die eine abschließende Bewertung darüber erlauben würden, inwieweit sowohl Befürchtungen als auch Hoffnungen durch die Umstrukturierungen Realität geworden sind. Die bisherigen Ergebnisse aus den in diesem Beitrag ausgewerteten Fallstudien ermöglichen es allerdings, einige Ansatzpunkte zur Bewertung unterschiedlicher Organisationsmodelle zu ermitteln:

Das in jeder Hinsicht „beste" Organisationsmodell gibt es nicht. So lassen sich beispielsweise keine Hinweise dafür finden, dass die Zusammenfassung der Jugendhilfe mit anderen Aufgabenfeldern zwangsläufig zu einer Schwächung der Jugendhilfe führt; dies scheint eher durch andere Faktoren beeinflusst zu werden, wie etwa durch den Stellenwert, den Jugendpolitik in der Kommune hat, oder durch die persönliche Position des Amtsleiters innerhalb der Verwaltung oder des Ausschussvorsitzenden innerhalb des Rates. Ähnliches gilt für die Aufgliederung der Jugendhilfeaufgaben auf verschiedene Abteilungen, wenn auch bei einer solchen Lösungen am ehesten zu befürchten ist, dass eine offensive Vertretung von Jugendhilfeinteressen institutionell erschwert wird: Wenn etwa der Fachbereichsleiter Prioritäten eher bei anderen Aufgaben setzt, ist es für die einzelnen für Jugendhilfe zuständigen Abteilungsleiter zweifellos schwer, die Belange der Jugendhilfe zur Geltung zu bringen.

Betrachtet man die Diskussion um die Integration mit dem Sozialbereich einerseits und dem Schulbereich andererseits, so ist festzustellen, dass für beide Lösungsmöglichkeiten schlüssige Argumente vorgebracht werden: Die Befürworter einer Integration mit dem Sozialbereich führen an, dass Jugendamt und Sozialamt oft mit demselben Personenkreis zu tun haben, sodass die Integration „Hilfe aus einer Hand" ermöglicht. Die Gegner argumentieren, dass die Identität des Personenkreises nicht der Regelfall ist und befürchten, dass die Rigidität der Sozialhilfe den fachlichen Anspruch der Jugendhilfe gefährdet. Bezüglich der Zusammenfassung mit dem Bereich „Schule" wird darauf verwiesen, dass Jugendhilfe und Schule dieselbe Zielgruppe haben und die Problemfelder Schnittstellen aufweisen (bspw. Übergang von der Schule in den Beruf als Aufgabe von Schule und von Jugendberufshilfe, Nachmittagsbetreuung von Schulkindern als Gebiet der Kooperation von Schulen und Einrichtungen der Kindertagesbetreuung). Im Gegensatz dazu wird festgestellt, dass Schule als kommunale Aufgabe sich lediglich auf Schulverwaltung beziehe („Schulverwaltungsamt als Hausmeisterorganisation"), sodass inhaltliche Verknüpfungspunkte nur scheinbar bestehen. Die Protagonisten einer Integration wollen allerdings genau dies aufbrechen und streben eine stärkere kommunale Verantwortung für die Gestaltung der Schullandschaft an.

In den Fallstudien zeigt sich, dass sowohl Verwaltungs- als auch Ausschussvertreter in der Regel von der Sinnhaftigkeit ihrer jeweiligen Lösung überzeugt sind – ein Ergebnis, das dafür spricht, dass in der Tat beide Varianten Vorteile mit sich bringen. In Kommunen, in denen keine inhaltliche Integration mit anderen Aufgabenfeldern vorgenommen wurde oder angestrebt wird, wird in diesem Zusammenhang darauf hingewiesen, dass Schnittstellenprobleme nicht nur durch Änderungen der Aufbauorganisation gelöst werden können und müssen. Vielmehr seien hier Projekte gefragt, die in Zusammenarbeit unterschiedlicher Organisationseinheiten durchzuführen sind. Die Notwendigkeit solcher Kooperationsformen über die Grenzen der Aufbauorganisation hinweg wird mit dem Hinweis darauf unterstrichen, dass Schnittstellen zu vielen Bereichen bestehen, die zwangsläufig nicht alle in einer Organisationseinheit zusammengefasst werden können. Darüber hinaus ist die Zusammenfassung von Aufgaben in einer Organisationseinheit keineswegs eine Garantie dafür, dass Schnittstellen tatsächlich berücksichtigt werden: Dies ist nur erreichbar, wenn die formale Integration durch einen Organisationsentwicklungsprozess begleitet wird.

So prinzipiell die Diskussion um Vor- und Nachteile von unterschiedlichen Lösungen der Aufbauorganisation oft geführt wird, so sehr zeigt sich doch in der Praxis, dass die diesbezüglichen Entscheidungen oft von sehr pragmatischen Überlegungen bestimmt werden, so etwa von der Größe des zu bildenden Fachbereichs im Vergleich zu den anderen Fachbereichen oder von personalpolitischen Aspekten.

Auch die Beibehaltung der herkömmlichen Organisationsstruktur ist keineswegs gleich bedeutend damit, dass keine Reform des Jugendamtes stattfindet. Das Gegenteil kann der Fall sein: Es gibt Kommunen, die auf eine Umstrukturierung der Aufbauorganisation bewusst verzichten, um sich auf eine Reform der Verwaltungsabläufe und die Implementation der einzelnen Instrumente der neuen Steuerung zu konzentrieren. In einer der 15 untersuchten Kommunen war beispielsweise die Verwaltungsspitze dezidiert der Auffassung, dass Veränderungen in der Aufbauorganisation mehr schaden als nützen, weil sie das Klima vergiften und dazu führen, dass alle Beteiligten ihre Energien darauf konzentrieren, ihre Machtposition in einem veränderten Verwaltungsaufbau zu sichern. Die Entwicklung von Steuerungsinstrumenten, Organisationsentwicklungsprozesse in den einzelnen Ämtern sowie der Aufbau von mehr Bürgerbeteiligung standen hier im Mittelpunkt der Reformbemühungen. Von den Jugendhilfeausschuss-Mitgliedern werden die Reformen in dieser Kommune in besonderem Maße positiv bewertet; hervorgehoben wird von Politik und Verwaltung ein Klima guter Kooperation.

Die jugendamtsinternen Organisationveränderungen, die es in fast allen untersuchten Ämtern gibt, sind kaum Gegenstand von Kontroversen, die über das Amt hinausgehen würden, und betreffen die Schnittstellen zum Ausschuss in der Regel wenig.[9] Befürchtungen werden allerdings dort laut, wo es um eine sozialraumbezogene Budgetierung und die Bewirtschaftung des Budgets durch einzelne Träger geht. Häufig sind es gerade die Hilfen zur Erziehung, für die es ein festes Budget geben soll. Hier wird befürchtet, dass auf diese Weise ein „Sparwettbewerb" zwischen den Trägern ausgelöst wird, sodass bei Entscheidungen über Hilfen zur Erziehung nicht der pädagogische Sinn, sondern die Einhaltung des Budgets handlungsleitend wäre. Zwar können Rechtsansprüche nicht durch Engpässe im Budget ausgehebelt werden; in der Praxis ist jedoch in vielen Kommunen zu beobachten, dass dies faktisch doch geschieht. Diese Tendenz, so vermuten einige Befragte, könnte sich durch ein Sozialraumbudget verschärfen.

---

9   Die internen Kontroversen zwischen Amtsleitung und Mitarbeitern bzw. zwischen den Mitarbeitern untereinander mögen teilweise heftig sein. Die Problematik dieser internen Organisationsentwicklungsprozesse ist jedoch nicht Gegenstand des Projektes und bleibt somit in diesem Kontext außer Betracht.

Darüber hinaus stellt sich aus der Sicht der Politik die Frage, welche Rechte der Jugendhilfeausschuss noch hat, wenn der jeweils zuständige Träger weit reichende Kompetenzen für „seinen" Sozialraum erhält: „Wenn jemand denkt, er kann auf diese Weise den Ausschuss aus dem Sozialraum herausdrängen, dann hat er sich geschnitten", so fasst ein Ausschussmitglied plastisch seine Kritik am Konzept zusammen.

Johannes Münder weist in diesem Kontext darauf hin, dass der öffentliche Träger – und damit auch der Jugendhilfeausschuss – auf Grund der Gewährleistungsverpflichtung die Letztentscheidung über Fragen der Infrastruktur haben muss: „So ist die Kompetenz, über die Schaffung von Einrichtungen und Diensten zu entscheiden, vom Träger der öffentlichen Jugendhilfe nicht abgebbar. Aus der nicht abgebbaren Gesamtverantwortung und Gewährleistungsverpflichtung folgt deswegen, dass der im Sozialraum tätige Träger Vorschläge, Empfehlungen und Aussagen zur Schaffung von Einrichtungen und Diensten machen kann, dass allerdings die Letztentscheidung darüber, ob derartige Einrichtungen und Dienste geschaffen werden, beim Träger der öffentlichen Jugendhilfe liegen muss." (Münder 2001: 57) Dies ist allerdings angesichts der Kosten, die mit der Schaffung von Infrastruktureinrichtungen verbunden sind, praktisch selbstverständlich, denn hier ist in jedem Falle der öffentliche Träger gefragt. Darüber hinaus kommt Münder zu dem Schluss, dass die Rechtslage weit gehende Gestaltungsmöglichkeiten im Hinblick auf die Umsetzung der Sozialraumorientierung eröffnet.[10]

1.3 Strukturen der Jugendhilfeausschüsse

Die Entscheidungen über die Aufbauorganisation haben unterschiedliche Konsequenzen für die Struktur des Jugendhilfeausschusses. Ähnlich wie innerhalb der Verwaltung, so sind auch auf der politischen Ebene unterschiedliche Strukturen entstanden. Diese sollen im Folgenden skizziert werden. Anschließend erfolgt eine Auseinandersetzung mit den dadurch entstehenden Problemen.

---

10 Noch kann nicht abgeschätzt werden, ob eine im Sinne von Budgetierung und Trägerexklusivität verstandene Sozialraumorientierung zu einem über einzelne Modellprojekte hinausgehenden Trend in der Jugendhilfe werden wird. Gleiches gilt für die Diskussion um die Einrichtung von bezirksbezogenen Steuerungsgremien. In jedem Falle werden dadurch weitere Fragen im Verhältnis zwischen Ausschuss, Verwaltung und Trägern aufgeworfen. Da die Entwicklung noch am Anfang steht, ergibt sich aus dem hier dargestellten Projekt jedoch noch keine hinreichende Basis, um diese Fragen vertieft zu diskutieren.

1.3.1 Veränderungen der Ausschussstruktur: Entwicklungen in der Praxis

Immer häufiger ist das Prinzip „Ein Fachbereich – ein Ausschuss – ein Budget" handlungsleitend für die Gestaltung der Ausschussstruktur in einer Kommune. Auf diese Weise will man die Strukturen in Verwaltung und Politik aufeinander abstimmen und eine umfassende Budgetverantwortung für den jeweiligen Fachbereich realisieren. Die Eigenständigkeit des Jugendhilfeausschusses, so wie sie bislang aus dem KJHG selbstverständlich abgeleitet wurde, wird damit immer häufiger in Frage gestellt.

In der Praxis gibt es inzwischen höchst unterschiedliche Lösungen. Wenn das Jugendamt ein eigener Fachbereich wird, bleibt meistens – nahezu automatisch – der Jugendhilfeausschuss als eigenständiger Ausschuss erhalten. Dort, wo das Jugendamt nicht identisch mit einem Fachbereich ist, hat sich eine Vielzahl von Strukturvarianten entwickelt.

In vielen Fällen bleibt der Jugendhilfeausschuss als durch das KJHG vorgeschriebener Ausschuss bestehen und bildet eine Ausnahme, mit der das Prinzip „Ein Fachbereich – ein Ausschuss – ein Budget" durchbrochen wird. Daraus müssen sich nicht zwangsläufig Probleme ergeben; in der Praxis wird, gerade bei größeren Fachbereichen, sowieso eine weitere Budgetierung unterhalb der Fachbereichsebene vorgenommen. Höhere Abstimmungserfordernisse ergeben sich lediglich in Situationen, in denen Verschiebungen zwischen den einzelnen Budgets innerhalb des Fachbereichs notwendig werden.

In manchen Kommunen wurde keine oder nur eine teilweise Anpassung der Ausschuss- an die Fachbereichsstruktur vorgenommen. In diesen Kommunen steht der Jugendhilfeausschuss – analog zur herkömmlichen Struktur – neben anderen Fachausschüssen innerhalb eines Fachbereichs. Dies ist oft dann der Fall, wenn es sehr große Fachbereiche gibt. Auch eine solche Lösung geht in der Regel mit einer Budgetierung unterhalb der Fachbereichsebene einher. Eine weitere Lösungsvariante besteht darin, den Jugendhilfeausschuss unterhalb des Fachbereichsausschusses anzusiedeln. Um das Prinzip „Ein Fachbereich – ein Ausschuss – ein Budget" zu realisieren, ist der Jugendhilfeausschuss in dieser Konstruktion nur noch für fachliche Fragen, nicht mehr für das Budget zuständig.

In Kommunen, in denen auf der Verwaltungsseite eine inhaltliche Integration mit anderen Aufgabenfeldern vorgenommen wird, stellt sich automatisch auch die Frage nach der Zusammenlegung der betreffenden Ausschüsse. Insbesondere einige kleinere Kommunen versuchen hier zu neuen Regelungen zu kommen. Angesichts der Regelungen im KJHG werden damit rechtliche Probleme aufgeworfen. Diese ergeben sich zum einen aus der Frage, ob der Jugendhilfeausschuss sich auch mit anderen Themenfeldern befassen darf, zum anderen daraus, dass im Jugendhilfeausschuss Vertreter freier Träger stimmberechtigt sind und die Ausdehnung dieser Stimmberechtigung auf andere Themenfelder problematisch sein kann.

Einige Kommunen haben aus dieser Situation die Konsequenz gezogen, es trotz einer inhaltlichen Integration auf der Verwaltungsseite bei zwei Ausschüssen zu belassen. Diese Entscheidung wird mancherorts auch durch die örtlichen Konstellationen in der Politik beeinflusst: Nicht überall hat die Politik Interesse an der Zusammenlegung von Ausschüssen und der damit verbundenen Reduzierung von Positionen als Vorsitzender oder Ausschussmitglied. Umgekehrt finden sich auch Fälle, in denen man Ausschüsse, etwa für Jugend und Soziales, zusammengelegt hat, obwohl auf der Verwaltungsseite beide Felder in zwei getrennten Fachbereichen bearbeitet werden. Auch eine solche Entscheidung ist stark von den Konstellationen in der lokalen Politik geprägt – wenn etwa in einer Wahlperiode Vorsitz und Personenkreis in beiden Ausschüssen weitgehend identisch sind, beschließt man für die nächste Periode die Zusammenlegung.

Diejenigen Kommunen, die sich für eine Zusammenlegung entscheiden, streben teilweise eine offizielle Lösung an (etwa im Rahmen von Experimentierklauseln in der Gemeindeordnung), teilweise betrachten sie den lokalen Konsens als ausreichend. Durch unterschiedliche Konstruktionen versucht man, rechtliche Probleme zu vermeiden. So trennt man in einer Kommune die Tagesordnung des Ausschusses für Jugend und Soziales in zwei Teile, wobei die Vertreter der freien Träger im auf die Jugendhilfe bezogenen Teil stimmberechtigt sind und in den Sozialbereich betreffenden Fragen eine beratende Funktion haben. In einer anderen Kommune legt man hingegen Wert darauf, die Integration beider Felder auch in der Tagesordnung deutlich zu machen, und hat die Vertreter freier Träger daher als sachkundige Bürger in den Sozialausschuss aufgenommen. Die Trägervertreter sind somit in Jugendhilfefragen als Vertreter der freien Jugendhilfe nach § 71.1 KJHG und im Sozialbereich als sachkundige Bürger stimmberechtigt. In einer Kommune, in der der Schul- mit dem Jugendhilfeausschuss zusammengefasst wurde, hat man die Entscheidungen über die Besetzung von Schulleiterpositionen in den Rat verlagert, um bei eventuellen Konkurrentenklagen nicht durch die Mitwirkung der Trägervertreter angreifbar zu sein.

1.3.2 Zur Diskussion um die Struktur der Jugendhilfeausschüsse

Die Bewertungen der Ausschussmitglieder zeigen, dass es im Hinblick auf die Ausschussstruktur ebenso wenig die eine beste Lösung gibt wie bezüglich der Verwaltungsstruktur. Es gibt lediglich ein Modell, das einhellig abgelehnt wird: Wenn der Jugendhilfeausschuss dem Fachbereichsausschuss nachgelagert und nur noch für die fachliche Diskussion, aber nicht mehr für das Budget zuständig ist, führt dies zum einen zu einem Bedeutungsverlust des Jugendhilfeausschusses, zum anderen zu Doppelberatungen und Zeitverzögerungen. Beides wird von den Ausschussmitgliedern als höchst unbefriedigend empfunden. Darüber hinaus wird gerade die in den neuen Steuerungsmodellen angestrebte Integration zwischen Fach- und Ressourcenverantwortung auf der Ebene der Ausschüsse wieder ausgehebelt.

Was die inhaltlich motivierte Zusammenlegung von Ausschüssen betrifft, so wird sie von den Ausschussmitgliedern differenziert und nicht so generell positiv bewertet wie die verwaltungsseitige Integration. Dort, wo Jugendhilfe und Soziales zusammengefasst wurden, betrachten viele Mitglieder die dadurch entstandene Integration der Trägervertreter in den Sozialausschuss als Gewinn, da die freien Träger ja auch im Sozialbereich eine wesentliche Rolle spielen. Bei einer Integration mit dem Schulausschuss hingegen wird kritisiert, dass nun zu viele Personen zum Thema „Schule" mitreden, ohne sich dort auszukennen.

Sowohl im Hinblick auf die Integration mit dem Schul- als auch mit dem Sozialausschuss wird es von einigen Mitgliedern als ungünstig empfunden, dass der Ausschuss nun wesentlich mehr Themen behandelt: Dadurch würden entweder die Sitzungen länger bzw. häufiger, oder die Behandlung der Themen würde kürzer und oberflächlicher. Experten für ein Themenfeld, bspw. Schule, seien nun gezwungen, auch die übrigen Themen „über sich ergehen zu lassen" (so ein Interviewpartner). Ein anderer Befragter weist darauf hin, dass ehrenamtliche Ausschussvorsitzende schon vom ihrem Zeitbudget her leicht überfordert seien, wenn sie eine zu große Vielfalt von Themen im Blick behalten müssen. Aus diesen Gründen plädieren einige Befragte, die der verwaltungsseitigen Integration durchaus positiv gegenüberstehen, dafür, es bei zwei Ausschüssen zu belassen – weniger Ausschüsse bedeuten eben nicht zwangsläufig mehr Effizienz.

Nun kann man argumentieren, dass es sich bei diesen Kritikpunkten um Übergangsprobleme handelt, die darauf hindeuten, dass die inhaltliche Integration noch nicht wirklich gelungen ist und dass die Tagesordnungen der Ausschüsse nach wie vor mit Detailfragen überfrachtet sind, statt die Konzentration auf strategische Fragen widerzuspiegeln. Teilweise mag dies zutreffen. Was die Konzentration auf strategische Fragen betrifft, zeigt sich, dass dies für die Ausschüsse zunächst eher Mehrarbeit bedeutet: So bedingt beispielsweise die Entwicklung von Standards, an denen sich die Einzelfallentscheidungen der Jugendamtsverwaltung orientieren sollen, eine intensive Auseinandersetzung mit dem jeweiligen Thema.

Letztlich kann aktuell nur darüber spekuliert werden, ob und inwieweit sich die von den Ausschussmitgliedern angesprochen Probleme der Zusammenlegung im Laufe der Zeit lösen werden. Eine Variante zur Lösung der angesprochenen Probleme betrifft die Arbeitsformen des Ausschusses (vgl. 1.5). Will man die Struktur „Ein Fachbereich – ein Ausschuss – ein Budget" auch bei größeren Fachbereichen gewährleisten, können innerhalb des Ausschusses Arbeitsgruppen gebildet werden, die sich intensiv mit einem bestimmten Aufgabenbereich befassen. Die Arbeit in Arbeitsgruppen wird in einem solchen Fall zur Regel; der Gesamtausschuss tagt seltener.

Darüber hinaus stellt sich in der Tat die Frage, ob die Zusammenlegung von Ausschüssen immer die beste Alternative ist. Wenn auf der Verwaltungsseite darauf hingewiesen wird, dass Schnittstellenprobleme zwischen verschiedenen Aufgabenfeldern auch durch projektförmige Kooperationen gelöst werden können und müssen (vgl. 1.2.2), so gilt dies analog für die Ausschüsse: Gemeinsame Sitzungen des Jugendhilfeausschusses mit anderen Ausschüssen können dazu ein geeignetes Instrument darstellen. Diese Lösung erlaubt im Übrigen auch eine Verknüpfung mit weiteren Politikfeldern innerhalb der Kommune und ist ebenfalls im Kontext mit der Entwicklung neuer Arbeitsformen in der Ausschussarbeit (vgl. 2.3.2) – unabhängig von Fragen der Zusammenlegung – von Interesse.

In der unter 1.2.2 angesprochenen Kommune, die ihre Aufbauorganisation bewusst nicht verändert hat, gilt dies auch für die Ausschussstruktur. Als langfristiges strategisches Ziel legte man hier fest, dass der Jugendhilfeausschuss eine stärkere Richtlinienfunktion erhalten soll. Die stärkere Richtlinienfunktion des Ausschusses führt nach Meinung der Befragten dazu, dass der Ausschuss die Jugendhilfe verstärkt im gesamtgesellschaftlichen Rahmen diskutiert. Als Indiz dafür wird gesehen, dass er inzwischen immer häufiger mit anderen Ausschüssen (vor allem mit den Ausschüssen für Schule/Kultur; Finanzen, Bau und Sport) gemeinsam tagt. Insofern könnte man sich nun auch mittelfristig vorstellen, dass eine Zusammenlegung mit dem Schul- und Kulturausschuss erfolgt. Wie an dem Beispiel deutlich wird, wurden somit Synergien zu anderen Politikfeldern erreicht, ohne die Aufbauorganisation (bisher) zu verändern. Kommt es nun zu einer Zusammenlegung mit einem anderen Ausschuss, dann hätten weniger organisatorische Überlegungen als vielmehr die inhaltlichen Zusammenhänge mit dem jeweiligen Ausschuss dies herbeigeführt.

Es zeigt sich also, dass die Strukturen in jeder Kommune stark von den jeweiligen politischen Konstellationen und Interessenlagen geprägt ist. Insofern wünschen sich einige Kommunen einen größeren lokalen Gestaltungsspielraum, um ihre Lösungsvorstellungen umsetzen zu können, ohne damit in eine rechtliche Grauzone zu geraten. Damit ist die Diskussion um Änderungen im KJHG angesprochen, wie sie sowohl von den Landesinnenministern als auch teilweise von den kommunalen Spitzenverbänden angestrebt werden („Zuständigkeitslockerungsgesetz"). Diese Initiativen zielen darauf ab, Öffnungsklauseln einzuführen, die die Möglichkeit zur Abschaffung des Sonderstatus der Jugendämter insgesamt wie auch der Jugendhilfeausschüsse bieten. Dies beinhaltet auch die Beendigung der stimmberechtigten Mitgliedschaft der Vertreter freier Träger. Da diese Debatte nicht nur die Aufbauorganisation, sondern weit darüber hinaus gehend auch die Funktion und Arbeitsweise des Ausschusses berührt, soll auf diese Debatte in Teil 2 (2.4) näher eingegangen werden.

2 Funktion und Arbeit des Jugendhilfeausschusses

Die politische Ebene wurde lange Zeit in der Diskussion um die Verwaltungsreform nur wenig berücksichtigt. Christoph Strünck (1997: 156) spricht nicht zu Unrecht von einer „Verwaltungsreform ohne Politikreform", und Frieder Naschold bezeichnet die „nachholende Modernisierung der politischen Steuerungsstruktur" als „eine der zentralen Herausforderungen der kommunalen Verwaltungsmodernisierung" (Naschold 1997: 339). Damit sind unterschiedliche Handlungsfelder angesprochen, die im Folgenden diskutiert werden sollen: die Beteiligung der Politik an der Reform (2.1), die Entwicklung eines Berichtswesens, das die Politik in die Lage versetzt, die Funktion der strategischen Steuerung wahrzunehmen (2.2), die Modernisierung politischer Arbeitsformen (2.3) und – speziell in der Jugendhilfe – die Diskussion darüber, ob die Sonderrolle des Jugendhilfeausschusses im Widerspruch zur Implementation der neuen Steuerungsinstrumente steht (2.4).

2.1 Beteiligung des Jugendhilfeausschusses an der Verwaltungsreform

Betrachtet man die Prozesse zur Modernisierung der Kommunalverwaltungen, so zeigt sich, dass die Beteiligung der Politik generell nicht sehr ausgeprägt ist. In einer bundesweiten Repräsentativbefragung von Ratsmitgliedern, (kurz: „VEKA-Befragung") die 1997 durchgeführt wurde, zeigte sich, dass nur ein gutes Drittel sich über die Maßnahmen der Verwaltungsmodernisierung in ihrer Stadt gut (36%) unterrichtet fühlt, ein knappes Viertel (24%) bezeichnet seinen Informationsstand als mittelmäßig, und 40% halten sich für schlecht informiert. Die Einbeziehung in die Modernisierung wird (noch) kritischer beurteilt: Mehr als die Hälfte schätzt sie als zu gering ein; 40% halten den Grad der Einbeziehung für richtig, 7% sprechen von einer zu starken Einbeziehung (Brandel/Stöbe-Blossey/Wohlfahrt 1999: 27f.; ausführlich Brandel et al. 1998).

Erste Erfahrungen lassen vermuten, dass die Beteiligung trotz der Sonderrolle des Jugendhilfeausschusses im Politikfeld „Jugendhilfe" trotz der Zweigliedrigkeit des Jugendamtes und der Sonderrolle des Jugendhilfeausschusses nicht stärker als in anderen Politikfeldern ausgeprägt ist. Auch die Partizipation freier Träger an der Ausgestaltung und Umsetzung der Reform scheint in den meisten Kommunen im Vergleich zu ihrer Bedeutung in der Jugendhilfe nicht sehr weit entwickelt zu sein (Corsa 1997; van Santen 1998: 47; Struck 1997).

Die Auswertung sowohl der Befragung der nordrhein-westfälischen Ausschussvorsitzenden als auch der Interviews bestätigen diese Vermutungen. Die Ergebnisse der Befragung zeigen, dass die Einbeziehung des Jugendhilfeausschusses bei der Modernisierung der Verwaltung des Jugendamtes von weit mehr als der Hälfte der Befragten als viel zu gering (27%) oder gering (30%) eingeschätzt wird. 38% halten die Intensität der Einbeziehung für richtig, 6% für zu groß. Somit sind die Werte in der Befragung der Jugendhilfeausschuss-Vorsitzenden nahezu identisch mit denen der Ratsmitglieder in der VEKA-Befragung.

Etwas mehr als 40% befragten Ausschussvorsitzenden fühlen sich gut oder sehr gut über den Modernisierungsprozess informiert; für schlecht oder sehr schlecht unterrichtet hält sich nur ein Viertel. Damit beurteilen die Ausschussvorsitzenden ihren Informationsstand besser als die Ratsmitglieder in der VEKA-Befragung: Hier meinten 7%, sie seien sehr gut, und 29%, sie seien gut unterrichtet; 24% vergaben einen mittleren Wert, und 40% bezeichneten sich als schlecht informiert (Brandel et al. 1998: 23). Diese Unterschiede hängen sicher damit zusammen, dass Funktionsträger, die ja in der Befragung der Vorsitzenden ausschließlich vertreten sind, generell bessere Kenntnisse haben als „einfache" Mitglieder, die einen erheblichen Teil der Befragten in der VEKA-Befragung ausmachten.

Was die Beteiligung der freien Träger betrifft, so sind diese zunächst über die Mitgliedschaft von Trägervertretern im Ausschuss im selben Maße eingebunden wie die „durchschnittlichen" Ratsmitglieder. Spezielle Informationsveranstaltungen für die freien Träger gab es nur in wenigen Kommunen. Nach den Ergebnissen der Befragung der Ausschussvorsitzenden sind in jeweils gut einem Drittel der nordrhein-westfälischen Jugendämter Produktdefinitionen bereits durchgeführt worden bzw. in der Planung. In gut der Hälfte dieser Fälle wurden die freien Träger an den Produktdefinitionen beteiligt. Immerhin vier Ausschussvorsitzende berichten, dass alle freien Träger mit vergleichbaren Produktdefinitionen arbeiten wie das Jugendamt, in 18 Fällen ist dies teilweise der Fall, in acht weiteren wird dies angestrebt. In den im Rahmen der Fallstudien untersuchten Kommune stellt eine Abstimmung von Produktbeschreibungen die Ausnahme dar. In einigen Fällen allerdings gab es zumindest gezielte Informationen der Träger über die Produktbildung.

Bei der Auswertung der Interviews in den 15 Kommunen macht sich bemerkbar, dass einige Kommunen darunter sind, die auf Grund der intensiven Ausschussbeteiligung ausgewählt wurden. Hier finden immerhin 47% der Befragten die Ausschussbeteiligung hinreichend; 45% erachten sie für zu gering und 8% machen keine Aussage (etwa, weil sie erst nach der Reform Ausschussmitglied wurden). Unter den untersuchten Kommunen befinden sich vier, in denen die Ausschussmitglieder die Beteiligung (nahezu) einhellig als hinreichend bewerten. In einer dieser Kommunen wurde gezielt eine weiter unten näher dargestellte Beteiligung durchgeführt. Aus einer anderen Kommune hingegen wird nicht von einem gezielten Beteiligungsprojekt, sondern von traditionell guten Beziehungen zwischen Politik und Verwaltung berichtet. In zwei Kommunen wurde zu Beginn es Reformprozesses unter Beteiligung des Ausschusses ein Leitbild für das Jugendamt entwickelt. Auch wenn die Befragten sich über die Umsetzung des Leitbildes teilweise skeptisch äußern, so besteht doch ein weit reichender Konsens darüber, dass die gemeinsame Entwicklung die Kooperation und Kommunikation zwischen Politik und Verwaltung verbessert hat.

In fünf weiteren Kommunen ist die überwiegende Mehrheit der Befragten (darunter in zwei Fällen sogar alle) der Meinung, dass die Einbeziehung des Ausschusses nicht hinreichend gewesen sei. Darunter sind zwei Fälle, in denen die Verwaltungsreform sehr stark durch die Person des Verwaltungschefs geprägt war, der den Prozess dominierte. Die Kritik an der mangelnden Beteiligung führt in diesen beiden Fällen allerdings nicht dazu, dass die Modernisierung als solche mehrheitlich negativ beurteilt würde; in einem der beiden Fälle fällt diese Beurteilung sogar im Gegenteil extrem positiv aus. In einer dritten Kommune sind die Beziehungen zwischen Politik und Verwaltung insgesamt recht konflikthaft. Verschärft werden diese Konflikte offenkundig dadurch, dass der hauptamtliche Bürgermeister von den Ausschussmitgliedern als „Sonnenkönig", so zwei Interviewpartner, wahrgenommen wird. Obwohl es keine diesbezügliche Frage im Interview gab, kamen alle Befragten dieser Kommune früher oder später darauf zu sprechen, dass es Probleme zwischen Rat und Bürgermeister gibt. In zwei weiteren Kommunen wurde die Reform offenkundig nahezu ausschließlich als Sache der Verwaltung betrachtet und durchgeführt; die Ausschussmitglieder haben wenig Kenntnisse über die Reformen und beurteilen sie eher gemischt bis negativ; die Beziehungen zwischen Politik und Verwaltung scheinen durch ein relativ hohes Maß an Misstrauen gekennzeichnet zu sein.

In den übrigen Kommunen halten sich positive und negative Beurteilungen über die Einbeziehung des Ausschusses in etwa die Waage. Hier zeigt sich oft deutlich, dass die Ansprüche der einzelnen Ausschussmitglieder sehr unterschiedlich sind: Nicht wenige Mitglieder meinen, dass sie als ehrenamtliche Politiker gar nicht die Zeit gehabt hätten, sich intensiver mit den Reformen zu befassen. Insofern wird von manchen auch eine eher geringe Ausschussbeteiligung als ausreichend bewertet. Während einige kritisieren, dass sie zwar informiert wurden, aber nicht die Möglichkeit hatten, die Reformen mitzugestalten, empfinden andere sich für die Mitgestaltung nicht als fachkompetent genug und sehen nicht die zeitliche Möglichkeit, sich hinreichend einzuarbeiten. Die Reform wird von diesen Befragten als Sache der Verwaltung angesehen. Des Weiteren haben einige Befragte als Vertreter ihrer Fraktionen an Beteiligungsgremien auf der Ebene des Rates teilgenommen, sodass sie über die Reformansätze der Gesamtverwaltung gut orientiert waren und diese Informationen für den Bereich der Jugendhilfe nutzen konnten. Gegenüber anderen Ausschussmitgliedern haben diese Mitglieder natürlich einen Informationsvorsprung.

Betrachtet man Kommunen, die eine intensive Beteiligung durchgeführt haben, so zeigt sich, dass die Bewertungen durchaus unterschiedlich ausfallen können. Die drei in den Kästen dargestellten Beispiele können dies verdeutlichen.

Verknüpfung von Jugendhilfeplanung und Verwaltungsreform

In einer Kommune hatte man im Jugendamt gerade eine extern moderierte Projektgruppe zur Entwicklung der Jugendhilfeplanung eingerichtet, als die Einführung des neuen Steuerungsmodelle aktuell wurde. Da man nach Auffassung der Jugendamtsleitung neue Steuerungsmodelle und Jugendhilfeplanung „nicht auseinander halten kann", hat man sich in dieser Gruppe auch mit der Verwaltungsreform befasst. Im Jugendhilfeausschuss wurde eine Planungsbegleitgruppe gebildet, in der alle Fraktionen vertreten waren. Diese Gruppe tagte vier- bis fünfmal pro Jahr. Vor der Beschlussfassung im Jugendhilfeausschuss wurden ihr Ergebnisse vorgetragen und diskutiert, sodass Ausschussbeschlüsse im Vorfeld geklärt waren. Es gab drei Arbeitsgemeinschaften nach § 78 (Jugendarbeit, Kindertagesstätten, Hilfen für Familien); parallel dazu bestanden von 1994 bis 1998 drei Mitarbeiterarbeitsgruppen. Auf diese Weise wurde die neue Organisationsstruktur vorbereitet; die externe Moderation legte Texte vor, die in den verschiedenen Gruppen diskutiert wurden. In dieser Kommune wird sowohl die Ausschussbeteiligung als auch die Reform als solche von den Ausschussmitgliedern extrem positiv gesehen.

Unterausschuss „Jugendhilfeplanung" – Begleitung der Verwaltungsreform

In einer Kommune initiierte das Amt einen Unterausschuss „Jugendhilfeplanung", als Mitte der Neunzigerjahre aus der Politik der Wunsch nach der Entwicklung einer Jugendhilfeplanung kam, um eine „erhöhte Fachlichkeit" in der Politik zu fördern. Dieser Ausschuss, der drei- bis viermal im Jahr tagt, hat die Umorganisation wesentlich begleitet und befasst sich nach wie vor mit aktuellen, eher konzeptionell orientierten Themen, wie etwa mit der Entwicklung und Umsetzung des vom Landesjugendamt initiierten „Wirksamkeitsdialogs" für die Jugendarbeit. Um die Arbeit des Unterausschusses hat es allerdings politische Konflikte gegeben, die auf Differenzen zwischen Rat und Ausschuss zurückzuführen waren und zur Ablösung eines nach Aussage einiger Mitglieder sehr engagierten Vorsitzenden des Unterausschusses führten. Darüber hinaus scheint der Informationsfluss zwischen den Mitgliedern des Unterausschusses und ihren Fraktionen nicht hinreichend funktioniert zu haben, sodass sich Nicht-Mitglieder als vollkommen uninformiert bezeichnen. Die Bewertung der Ausschussbeteiligung durch die Befragten fällt vor diesen Hintergründen gemischt aus; die Einschätzung der Reformen ist jedoch fast einhellig positiv.

Leitbildentwicklung als Ausgangspunkt

In einer Kommune wurde die Verwaltungsmodernisierung 1996 mit einem extern moderierten Leitbildprozess im Jugendamt begonnen. Ziel des Leitbildprozesses war es, die Organisationsentwicklung des Jugendamtes auf breiter Basis abzusichern. Dazu wurden neben den Mitarbeitern des Jugendamtes auch der Jugendhilfeausschuss – vor allem über den Unterausschuss „Jugendhilfeplanung" – einbezogen. Die Organisationsentwicklung des Jugendamtes wurde dabei konkret mit inhaltlichen Problemen verknüpft; d.h. die optimale Organisationsform kristallisierte sich auf Grund der inhaltlichen Probleme heraus. Durch die inhaltliche Verknüpfung wurde den Ausschussmitgliedern die Notwendigkeit der Organisationsreform deutlich. Dies mündete in der Verabschiedung des Leitbildes im Jahr 2000 durch den Rat. Im Zuge der Weiterentwicklung der Modernisierungsmaßnahmen wird immer wieder darauf Bezug genommen, wobei das Leitbild, so ein Befragter, „nichts feststehendes ist, sondern immer wieder hinterfragt wird". Zwischenzeitlich ist man in dieser Kommune dazu übergegangen, auch für die Jugendhilfe an sich ein Leitbild zu entwickeln, wobei auch hier der Jugendhilfeausschuss entsprechend eingebunden ist. Durch einen gemeinsamen Zielentwicklungsprozess sollen entsprechende Lösungen für die Jugendhilfe gefunden werden. Hierdurch werden Impulse aus der Politik aufgegriffen und in die Jugendhilfe integriert. Auf Basis der Erfahrungen hofft man, ein entsprechendes Leitbild für die Jugendhilfe als Handlungsgrundlage aufzubauen.

Dass die Entwicklung von Leitbildern unter Einbeziehung der Politik geschieht, ist keineswegs selbstverständlich; zwar stehen Leitbilder in vielen Jugendämtern am Anfang des Modernisierungsprozesses (Dreyer 1998: 42), jedoch wird in vielen Fällen die Politik bestenfalls nachträglich über das Ergebnis informiert. Damit werden zweifellos Chancen vertan. Im Jugendamt der soeben dargestellten Kommune ist man der Auffassung, dass die Einbindung der politischen Seite in die Reform zwar viel Anstrengung und Mühe kostet, diese aber durch die Nachhaltigkeit bei weitem kompensiert wird. Diese Einschätzung erscheint richtig, weil diese Kommune zu denjenigen gehört, in denen sowohl die Beteiligung des Ausschusses als auch die Reformen von den befragten Ausschussmitgliedern einhellig positiv bewertet werden.

Alle drei Beispiele zeigen, dass die Mitwirkung des Jugendhilfeausschusses an der Verwaltungsmodernisierung oft mit der Jugendhilfeplanung verknüpft wird. Dies erweist sich nach Aussagen der Beteiligten auch als sinnvoll, um die Kopplung der Modernisierungsmaßnahmen mit den inhaltlichen Anforderungen der Jugendhilfe zu sichern. Auch die gemeinsame Erarbeitung eines Leitbildes fördert zum einen diese Kopplung, zum anderen trägt sie offenkundig dazu bei, dass Ausschuss und Verwaltung ein gemeinsames Verständnis über Ziele und Schritte der Modernisierung entwickeln.

Dass die Bewertung der Beteiligung durch die Befragten in den drei Kommunen unterschiedlich ausfällt, ist aber auch ein Hinweis darauf, dass nicht allein die Organisation des Beteiligungsprozesses ausschlaggebend für die Einschätzung ist. Vielmehr spielt auch das allgemeine Klima sowohl zwischen Politik und Verwaltung als auch innerhalb der Politik eine Rolle. Dafür spricht auch, dass in einer Kommune, in der es keinen speziell organisierten Beteiligungsprozess gegeben hat, aber nach Aussage der Beteiligten ein traditionell gutes Gesprächsklima besteht, die Ausschussmitglieder zu einer positiven Bewertung über die Einbeziehung kommen. Ein gut organisierter Beteiligungsprozess kann allerdings durchaus zur Schaffung eines solchen Klimas beitragen, wie auch einige Interviewpartner auf Grund ihrer Erfahrungen anmerken. Dies wiederum wirkt sich förderlich auf die weitere Zusammenarbeit aus.

2.2 Berichtswesen in der Jugendhilfe

Um die in den neuen Steuerungsmodellen postulierte zielorientierte, strategische Steuerung durch die Politik überhaupt realisieren zu können, fehlt bislang weitgehend das Instrumentarium. Hier liegt ein entscheidender Engpassfaktor für eine Veränderung der derzeitigen kommunalpolitischen Praxis. Gerhard Banner, der die Entwicklung der neuen Steuerungsmodelle als damaliger Vorsitzender der KGSt maßgeblich geprägt hat, stellt zu Recht fest, dass Kommunalpolitiker nur dann zu Veränderungen bereit sein werden, wenn sie „bessere Steuerungsmöglichkeiten" erhalten (Banner 1995: 364).

Die Basis für die allseits geforderte, aber vom Instrumentarium her noch unzureichend konkretisierte strategische Steuerung liegt in einem Berichtswesen, das nicht nur auf Finanzen, sondern vor allem auch auf Qualität bezogen ist. Hermann Hill bezeichnet das Informationsmanagement zwischen Rat und Verwaltung als „die entscheidende Voraussetzung für eine gelingende Umsetzung des Neuen Steuerungsmodells" (Hill 1997: 27). Zwar wird inzwischen in einer zunehmenden Zahl von Verwaltungen an der Einführung von Controlling gearbeitet, jedoch beschränken sich die bislang vorfindbaren Ansätze vielfach auf eine betriebswirtschaftlich orientierte Analyse und Überwachung der Kostensituation. Nun sind zweifellos auch diese Daten für die Politik von Bedeutung; über die Erreichung politisch gesetzter inhaltlicher Ziele sagen sie jedoch nichts oder wenig aus. In der Literatur wird denn auch festgestellt, dass es bislang kaum Beispiele für ein gutes Berichtswesen gibt (Dieckmann 1996: 26; Hill 1998: 114).

Dies gilt auch für die Jugendhilfe. Mit der Jugendhilfeplanung verfügt die Jugendhilfe zwar im Gegensatz zu den meisten anderen Politikfeldern über ein Instrumentarium der inhaltlichen Planung und Steuerung, das im Sinne eines politischen Controllings weiterentwickelt werden könnte (vgl. auch Gemeinsame Stellungnahme des Deutschen Städtetages und der Arbeitsgemeinschaft für Jugendhilfe 1997, 2.3.2). Inwieweit sich aus der Jugendhilfeplanung allerdings eine Grundlage für ein politisches Controlling ableiten lässt, ist in der Fachdiskussion umstritten (Seckinger/Weigel/van Santen/Markert 1998: 124f.).

In der Praxis lässt sich feststellen, dass es inzwischen häufig regelmäßige Budgetberichte (monatlich bis halbjährlich) gibt. Darüber hinaus legen die Jugendämter den Ausschüssen oft punktuelle (qualitative) Berichte zu einzelnen Themenfeldern vor. Nach wie vor gibt es aber auch Kommunen (und zwar auch solche, die früh mit der Verwaltungsmodernisierung begonnen haben und in der einschlägigen Diskussion als relativ fortgeschritten gelten), in denen die Ausschussmitglieder bei entsprechenden Fragen mit dem Begriff „Berichtswesen" kaum etwas anfangen können, weil es keinerlei systematische Informationen gibt. Unter den 15 untersuchten Kommunen befinden sich immerhin acht, in denen sich ein Berichtswesen nach Aussage der Jugendamtsverwaltung erst „in der Planung", „in den Anfängen" oder „im Aufbau" befindet.

In der Befragung der nordrhein-westfälischen Ausschussvorsitzenden geben 41% der Befragten an, dass in ihrer Kommune bereits ein Berichtswesen existiert; in 23% der Fälle ist es in Planung. Damit scheint für immerhin ein gutes Drittel der nordrhein-westfälischen Kommunen das Berichtswesen (noch?) kein Thema zu sein. Angesichts der hohen Bedeutung, die die Befragten dem Berichtswesen zumessen, ist darin ein erhebliches Defizit zu sehen: Nur vereinzelt (9%) findet sich die Auffassung, dass ein systematisches Berichtswesen nicht erforderlich ist, weil man auch auf den bisher praktizierten Wegen die notwendigen Informationen erhält.

Die Anforderungen, die die Befragten an ein Berichtswesen stellen, sind vielfältig:

– 78% der Befragten stimmen der Aussage zu, dass die Verwaltung den Ausschuss vollständig und umfassend in Form eines Berichtswesens über ihre Tätigkeit informieren sollte, damit sich der Ausschuss die für ihn wichtigen Informationen selbst auswählen kann.

– Gleichzeitig sind 75% der Meinung, die Verwaltung sollte dem Ausschuss in aufbereiteter Form berichten, damit der Ausschuss anhand dieser Informationen schnell und einfach feststellen kann, ob die gesetzten Ziele in angemessener Weise erreicht wurden. Die Wünsche nach Vollständigkeit einerseits und schnell und einfach erfassbarer Information andererseits stehen also praktisch gleichwertig nebeneinander. Der Anspruch an die Aufbereitung der Informationen ist somit sehr hoch.

– Nur 35% der Befragten finden, dass regelmäßige Berichte nur zu strategisch/politisch wichtigen Produkten notwendig sind; 55% lehnen dies ab; die übrigen sind unentschieden. Auch hier zeigt sich, dass die Mehrheit eine möglichst vollständige Information wünscht.

– Dementsprechend geben auch nur 19% an, dass regelmäßige Berichte zur Budgetentwicklung völlig ausreichen; 79% sind gegenteiliger Meinung.

– Nahezu einhellig (89%) sind die Befragten der Auffassung, dass das Berichtswesen mit der Jugendhilfeplanung verbunden werden sollte.

In den 15 Kommunen wurden die Befragten ebenfalls gebeten, ihre Anforderungen an ein Berichtswesen zu formulieren. Dabei zeigt sich zum einen, dass in den Kommunen, in denen es noch wenig diesbezügliche Ansätze gibt, bei den Ausschussmitgliedern auch die Vorstellungen darüber oft völlig fehlen. Zum anderen werden selbst Ansätze, die von der Verwaltungsseite als noch sehr rudimentär bezeichnet werden, vielfach bereits als Verbesserungen gegenüber der früheren Situation bewertet.

Inhaltlich wird vor allem auf zwei Aspekte häufig hingewiesen: Zum einen wünscht man qualitative Informationen; reine Finanzberichte reichen nicht aus; Kennzahlen bedürfen der Ergänzung durch textliche Erläuterungen. Zum anderen wird immer wieder betont, dass das Berichtswesen für ehrenamtliche Politiker handhabbar und verständlich sein müsse und sie „nicht mit Papier totgeschmissen werden dürfen". Eine wichtige Rolle spielt weiterhin der Wunsch, eine Rückmeldung sowohl über die Umsetzung als auch über die Wirkungen politischer Beschlüsse zu erhalten: Es geht also sowohl um ein System der Beschlusskontrolle, das es dem Jugendhilfeausschuss ermöglicht zu verfolgen, inwieweit seine Beschlüsse umgesetzt wurden, als auch darum, dass die Politik eine Rückmeldung über die Zielerreichung erhält. Zu Schwerpunktthemen werden gesonderte Berichte für sinnvoll gehalten, die Hintergrundinformationen liefern.

Eine wichtige Rolle für die Steuerung insgesamt und das Berichtswesen insbesondere spielt das Produktkonzept. Gerade in der Jugendhilfe war die Produktbildung anfangs sehr umstritten („Menschen sind doch keine Produkte!"). Skepsis wurde in den letzten Jahren auch in der Verwaltungsreformdiskussion deutlich: Die Produktdefinition schien zeitweise vielerorts zu einer technokratischen Aktion mit viel Aufwand und wenig Konsequenzen zu verkommen (vgl. Reichard 1998).

Die Auswertung der Interviews ergibt ein anderes Bild. Die Vorbehalte aus jugendhilfepolitischer Perspektive sind inzwischen weitgehend abgebaut; zwar geben nicht wenige Interviewpartner an, zunächst Probleme mit dieser Begrifflichkeit gehabt zu haben, aber für die Gegenwart gilt dies in den meisten Fällen nicht mehr. Dort, wo tatsächlich ein produktorientierter Haushalt realisiert wurde, wird er von den Ausschussmitgliedern nahezu durchweg positiv bewertet: Er wird als ein wichtiges Arbeitsinstrument angesehen, das mehr Transparenz sowohl über die vorhandenen Leistungen als auch über die damit verbundenen Kosten schafft. Skepsis über den Nutzen des produktorientierten Haushalts findet sich fast ausschließlich in denjenigen Kommunen, in denen das Konzept (noch) nicht vollständig umgesetzt ist.

In den Interviews wurde gefragt, ob die Befragten mit der Produktsystematik arbeiten. 37% bejahen dies, 48% verneinen es, und 15% machen keine Aussage (teilweise, weil in einer Kommune, in der keine Produkte definiert wurden, die Frage nicht gestellt wurde). In nur einer untersuchten Kommune geben alle Befragten an, dass sie mit den Produkten arbeiten. In dieser Kommune existieren ein ergebnisorientierter Haushaltsplan und ein (weiter unten dargestelltes) Berichtswesen, das darauf basiert und Kennzahlen zu den Produkten enthält. In zwei weiteren Kommunen erklären fast alle Interviewpartner, dass sie – zumindest teilweise – mit Produkten arbeiten. In einer dieser Kommunen gibt es seit dem Jahr 2000 einen Produkthaushalt, sodass auch hier schon Erfahrungen vorliegen. In der anderen wird zurzeit eine auf Produkte gestützte Kosten- und Leistungsrechnung eingeführt, über die der Ausschuss gut informiert ist.

In drei Kommunen hält sich der Anteil derjenigen, die die Frage verneinen oder bejahen, in etwa die Waage. In einem Fall gibt es einen Produkthaushalt, in einem anderen Produktbeschreibungen und Finanzkennziffern, in einem weiteren Produktbücher zur Ergänzung des Haushaltsplans. Die unterschiedlichen Aussagen der Befragten gründen sich hier oft auf persönliche Bewertungen; so betont in einer Kommune ein Befragter, Produkte seien ihm als Steuerungsinstrument zu global, andere sehen darin eine wesentliche Unterstützung.

In einer weiteren Kommune arbeitet zwar die Mehrheit der Befragten nicht mit den Produkten; fast alle betonen aber, dass dies „noch nicht" der Fall sei, man aber grundsätzlich viel von dem Konzept halte. In dieser Kommune befindet sich das Produktkonzept erst in der Phase der Erarbeitung. Der Ausschuss ist aber intensiv in die Verwaltungsmodernisierung eingebunden, und die Produktdefinitionen werden gemeinsam mit den freien Trägern durchgeführt. Umgekehrt gibt es eine Kommune, in der zwar 2001 erstmals ein kompletter Produkthaushalt vorliegt, jedoch dennoch alle Ausschussmitglieder angeben, nicht mit den Produkten zu arbeiten. Da es sich hier um eine Kommune handelt, in der die Einbeziehung des Ausschusses in die Modernisierung sehr negativ bewertet wird, kann man vermuten, dass es sich hier um ein Problem mangelnder Information handelt.

In den übrigen Kommunen arbeitet (fast) kein Ausschussmitglied mit Produkten. Hier gibt es zwar teilweise Produktbücher, die aber eher ergänzend neben dem kameralen Haushalt gesehen werden; in anderen Fällen befindet sich ein Produkthaushalt zwar (seit teilweise recht langer Zeit) in Arbeit, ist aber noch nicht implementiert; in einem Fall werden Produkte auch von Seiten der Verwaltung als bedeutungslos bezeichnet. Ob Produkte für die Politik von Bedeutung sind, hängt somit letztlich von drei Faktoren ab, nämlich vom Umsetzungsstand des Produkthaushaltes, von der Information der Ausschussmitglieder und von persönlichen Einschätzungen.

Die Weiterentwicklung des produktorientierten Haushalts im Sinne der Verbindung mit einer Zielbildung in Form von Kennzahlen einerseits und Berichten über die Zielerreichung andererseits ist noch nicht häufig vorzufinden. Ein recht weit fortgeschrittenes Beispiel findet sich in der Kommune, in der folgerichtig auch alle Ausschussmitglieder angeben, mit den Produkten zu arbeiten (siehe Kasten).

Verknüpfung von Haushaltsplanung und kennzahlengestütztem Berichtswesen

In einer Kommune, die eine eher betriebswirtschaftlich orientierte Reformstrategie (vgl. 1.1.2) verfolgt, werden, wenn der Haushaltsplan beschlossen wird, auch die Inhalte des Berichtswesens festgeschrieben. Es gibt zum einen standardisierte Kennzahlen, die in monatlichen Berichten enthalten sind. Zum anderen werden bei der Aufstellung des Haushaltsplans Schwerpunkte festgelegt, zu denen die Politik gesonderte (auch qualitative) Berichte erhalten will. Aspekte der Qualität werden insofern einbezogen, als man Standards und Ziele definiert (z. B. „keine Heimunterbringung von 0-3-jährigen") und bei den Produkt- und Leistungsbeschreibungen inhaltliche Verbindlichkeiten festlegt (z. B. wird bezüglich der Trennungs- und Scheidungsberatung das Ziel formuliert, in mindestens drei Gesprächen ein einvernehmliches Konzept in Bezug auf die Kinder zu entwickeln). Andere Produkte werden mit Zielgrößen versehen; so gibt es etwa bezüglich des Produkts „Heimerziehung" das Ziel, dass fünf Kinder pro Jahr in eine Familie oder ein familienähnliches System zurückkehren sollen.
Die Ausschussmitglieder bewerten die Kennzahlen als eine sinnvolle Arbeitsgrundlage. Sie sehen darin eine Möglichkeit, sowohl Entwicklungen in der Jugendhilfe als auch die Erreichung von gesetzten Zielen zu verfolgen. Abweichungen bilden einen Anlass nachzufragen. Teilweise wünschen die Ausschussmitglieder allerdings mehr inhaltliche Erläuterungen.

Derartige Formen des Berichtswesens sind meistens in das Controlling-Konzept der Gesamtverwaltung eingebunden. Es gibt darüber hinaus Beispiele dafür, dass Jugendämter – teilweise zusätzlich zum verwaltungsweiten System – eigene, jugendhilfespezifische Ansätze entwickeln (siehe Kasten).

Jugendhilfeplanung als Basis für ein „Maßnahmeprogramm"

Ein Jugendamt, dessen Modernisierungskonzept durch eine Verknüpfungsstrategie (vgl. 1.1.2) gekennzeichnet ist, erarbeitet auf der Basis der Jugendhilfeplanung mittelfristige so genannte Maßnahmeprogramme, die im Jugendhilfeausschuss verabschiedet werden und den Rahmen für die Arbeit über fünf Jahre bilden. Zur Konkretisierung werden jährliche Maßnahmeprogramme beschlossen, die die Schwerpunkte der Arbeit für das folgende Jahr darstellen (zum Beispiel: „Einführung von Verfahren der Qualitätsentwicklung und Evaluation"; „Betreuungsangebote für Kinder ab 6 Jahre"; „Überprüfung der Verfahren zur Förderung der Jugend- und Familienbildung"; „Stärkere Förderung und Unterstützung von ehrenamtlicher Kinder- und Jugendarbeit"). Zu jedem Themenfeld wird erläutert, welche Aktivitäten konkret geplant sind.

Die Entwicklung des jährlichen Maßnahmeprogramms ist in das Verfahren zur Haushaltsaufstellung eingebunden. Der Prozess der Haushaltsaufstellung beginnt mit einem Eckwertebeschluss des Kreistages, aus dem sich die Budgets für die Fachbereiche ergeben. Diese werden dann innerhalb des Fachbereichs verteilt. Der Jugendhilfeausschuss diskutiert das Maßnahmeprogramm zunächst inhaltlich und beschließt Eckpunkte, die dann von der Verwaltung des Jugendamtes konkretisiert und zusammengefasst werden. Wenn sich herausstellt, dass das Budget für die Umsetzung des Maßnahmeprogramms nicht ausreicht, muss der Ausschuss entscheiden, ob das Programm gekürzt oder ob die Jugendamtsumlage der Mitgliedskommunen erhöht wird, und eine entsprechende Empfehlung an den Kreistag beschließen.

Der Jugendhilfeausschuss beschließt das Maßnahmeprogramm als Kontrakt, aus dem dann die Arbeitsaufträge für die einzelnen Mitarbeiter abgeleitet werden. Auf der Basis der Maßnahmeprogramme werden dem Jugendhilfeausschuss Berichte zur Umsetzung vorgelegt. Darin ist der qualitative Teil des Controllings zu sehen, der nach den Vorstellungen des Amtes in das geplante verwaltungsweite, kennzahlengestützte Controlling eingehen wird. Das Maßnahmeprogramm schafft ein hohes Maß an Transparenz: „Der Ausschuss weiß, was er von dem Amt erwarten kann – nicht mehr, aber auch nicht weniger", so der Amtsleiter.

Das Instrument wird von den Ausschussmitgliedern durchweg sehr positiv bewertet. Einige Mitglieder betonen, dass dieses Instrument nicht nur zur Steuerung der Verwaltung, sondern nicht zuletzt zum Beschlusscontrolling des Ausschusses dient: Die Politik kann systematisch verfolgen, zu welchen Ergebnissen die Diskussionen im Ausschuss geführt haben und wie diese Ergebnisse umgesetzt werden.

An diesem Beispiel zeigt sich ein weiteres Mal der Nutzen einer Verbindung der Jugendhilfeplanung mit Elementen der neuen Steuerung. Mit der Jugendhilfeplanung besteht eine inhaltliche Diskussionsgrundlage, aus der die Maßnahmen abgeleitet werden können, die in den Kontrakt eingehen. Die eingangs erwähnte Frage danach, ob die Jugendhilfeplanung eine Basis für ein politisches Controlling darstellen kann, muss insofern mit „Ja" beantwortet werden.

Voraussetzung dafür ist aber, dass eine ernsthafte Jugendhilfeplanung überhaupt existiert. Dies ist jedoch trotz der gesetzlichen Vorgaben bei weitem keine Selbstverständlichkeit. In nicht wenigen Kommunen besteht das „Vorurteil, dass Jugendhilfeplanung zu immer neuen Anforderungen führe und daher möglichst klein gehalten werden müsse, mit der Folge, dass Jugendhilfeplanung personell und sachlich zu gering ausgestattet wird" (Merchel 1998: 37). Auch in einigen der untersuchten Kommunen findet sich – mehr oder weniger explizit – diese Auffassung; ein befragter Amtsleiter meint, dass man keine Jugendhilfeplanung betreiben könne, weil die konzeptionellen Ressourcen für die Einführung der neuen Steuerung benötigt würden. Hier werden zweifellos falsche Gegensätze formuliert: Fundierte Daten aus der Jugendhilfeplanung ermöglichen eine gerade bei knappen Kassen wichtige Prioritätensetzung und sind für die Einführung eines Berichtswesens im Rahmen der neuen Steuerung nutzbar.

Die Jugendhilfeplanung muss allerdings, wie das skizzierte Beispiel zeigt, um Elemente des Kontraktmanagements ergänzt werden: Zum einen müssen auf der Grundlage der Pläne konkrete Maßnahmen vereinbart werden, zum anderen muss die Umsetzung dieser Maßnahmen systematisch beobachtet und in Form von Berichten an den Ausschuss transparent gemacht werden.

Ein solches, eher jugendhilfespezifisches, Verfahren kann durchaus sinnvoll verbunden werden mit einem Berichtswesen, das mit Kennzahlen auf des Basis des Produkthaushalts arbeitet. Kennzahlen für einige Produkte können aus der inhaltlichen Diskussion um die Maßnahmen abgeleitet werden, indem man sich vergegenwärtigt, was eigentlich mit den einzelnen Maßnahmen erreicht werden soll. Wenn beispielsweise die Schaffung von mehr Plätzen für die Betreuung von Schulkindern vorgesehen ist, kann der Produkthaushalt als Kennzahl den angestrebten Versorgungsgrad enthalten. Die Ermittlung derartiger Zahlen über erbrachte Leistungen (also über den „Output" des Verwaltungshandelns) ist noch relativ einfach; schwieriger wird es, wenn gesellschaftliche Wirkungen („Outcome") erfasst werden sollen. Die inhaltliche Diskussion um die Maßnahmen dürfte es am ehesten erlauben, hier zu Ergebnissen zu kommen. Wenn es etwa um Maßnahmen der Jugendberufshilfe geht, wäre es denkbar, Indikatoren zu entwickeln, die die Zahl der Ausbildungsabbrüche oder die Vermittlung von Jugendlichen ohne Schulabschluss in Ausbildungsstellen erfassen.

In manchen Kommunen wird sowohl bei der Frage nach der Jugendhilfeplanung als auch nach der Entwicklung eines systematischen Berichtswesens darauf verwiesen, dass die Ressourcen fehlen, um aufwändige konzeptionelle Arbeiten zu leisten. Auch aus den Ausschüssen heraus wird zwar durchaus ein Bedarf an Information artikuliert, aber auch immer wieder betont, dass man als ehrenamtliches Mitglied nicht die Möglichkeit habe, sich mit einer zu großen Menge an Informationen auseinander zu setzen. Nur selten scheint die Politik Druck auf die Verwaltung auszuüben mit dem Ziel, konzeptionelle Arbeiten und eine systematische Informationsversorgung zu erweitern.

Diese eher zurückhaltenden Positionen in Verwaltung und Ausschuss sind zweifellos durchaus verständlich, insbesondere in Kommunen, die in starkem Maße von Haushaltsproblemen betroffen sind. Wenn die Ämter mit so knappen Ressourcen agieren müssen, dass das Tagesgeschäft kaum noch erledigt werden kann, ist es sicher schwierig, Ressourcen für die Entwicklung von Planungs- und Informationssystemen frei zu machen. Dennoch muss diese Haltung als kurzsichtig betrachtet werden. Zum einen ist gerade bei knappen Ressourcen ein zielgenauer Einsatz wichtig, und dieser wird durch Planungs- und Informationssysteme gefördert. Zum anderen zeigen die Praxisbeispiele, dass eine systematische Herangehensweise mittelfristig den Arbeitsaufwand für Politik und Verwaltung reduziert. Ausschussmitglieder, die mit funktionierenden Systemen arbeiten, betonen, dass sie nun leichter als früher erkennen können, wo Probleme liegen; für die Verwaltung wird die Arbeit kalkulierbarer. Sicher bedeutet die Entwicklung derartiger Systeme zunächst erhöhten Aufwand, doch auch dieser lässt sich inzwischen in Grenzen halten, da es Beispiele gibt, an denen man sich orientieren kann.

2.3   Neue Arbeitsformen in den Ausschüssen

Verwaltungsmodernisierung ohne Politikmodernisierung wird auf Dauer nur von begrenzter Reichweite sein können. Zum einen bedingen die Strukturen von Verwaltungsarbeit und politischer Arbeit einander, sodass neue Strukturen in der Verwaltung nur dann ihre volle Wirkung entfalten können, wenn es abgestimmte Modernisierungsschritte in der Politik gibt. Zum anderen bleibt selbst eine intensive Ausschussbeteiligung am Modernisierungsprozess ein Intermezzo, wenn dieser nicht ihrerseits Reformanforderungen aufgreift.

Verschärft wird die Notwendigkeit von Veränderungen in der Ausschussarbeit dadurch, dass die inhaltlichen Anforderungen an den Jugendhilfeausschuss gestiegen sind und weiter steigen werden. Darüber sind sich die befragten Verwaltungs- und Ausschussvertreter einig. Genannt werden in diesem Zusammenhang zum Beispiel gesellschaftliche Veränderungen und sich verschärfende Problemlagen, auf die reagiert werden muss, und die wachsende Bedeutung von Themen wie Qualitätssicherung und Prävention.

Dem stehen vielfältige Probleme in der Ausschussarbeit gegenüber, die ebenfalls sowohl von Verwaltungs- als auch von Ausschussvertretern angeführt werden. Diese Probleme sollen im Folgenden zusammengefasst werden. Anschließend werden bereits praktizierte sowie vorgeschlagene Lösungsansätze zusammengestellt.

2.3.1 Probleme der Ausschussarbeit

Vielen Mitgliedern kommt vor allem die politisch-strategische Diskussion im Ausschuss zu kurz. Dies hängt mit mehreren Faktoren zusammen. Es gibt Ausschüsse, die nur viermal im Jahr für mehrere Stunden tagen und so schon aus Zeitgründen zu einem „reinen Vorlagen-Beschlussgremium verkommen". Weiterhin sind die Ausschussmitglieder in der Regel „nur" ehrenamtlich tätig und können auch aus Zeitmangel für die Vorbereitung fachlich der Diskussion schlecht folgen. Vielfach wird auch beklagt, dass Beschlussvorlagen erst wenige Tage vor der Ausschusssitzung zugesandt werden, sodass eine inhaltlich fundierte Auseinandersetzung mit einem Sachthema kaum noch möglich ist. Die steigende Komplexität des Feldes tut ein Übriges dazu, fachspezifische Themen nur noch von den unmittelbar betroffenen Fachleuten führen und letztendlich entscheiden zu lassen. Oft werden fachliche Diskussionen deshalb nur von den jeweils betroffenen Fachleuten der Verbände geführt, die unmittelbar im Kontext des behandelten Themas tätig sind. Auch die immer stärker angespannte Haushaltslage hat zunehmenden Einfluss auf inhaltliche Diskussionen. Durch den wachsenden finanziellen Druck werden Entscheidungen ohne lange Beratungen durchgesetzt, ohne Berücksichtigung mittel- und langfristiger Auswirkungen. Schließlich wurde in diesem Zusammenhang auch die fehlende Leitungs- und Moderationskompetenz mancher Vorsitzender gerügt.

In einigen Kommunen wird berichtet, dass die Arbeit im Jugendhilfeausschuss für die Ratsmitglieder zunehmend unattraktiv geworden sei: „Dort ist nichts mehr zu verteilen, da fehlen die Profilierungsmöglichkeiten." Während früher oft der Fraktionsvorsitzende der Mehrheitsfraktion den Vorsitz innegehabt hätte, seien inzwischen eher „Ratsmitglieder aus der dritten Reihe" Mitglieder des Ausschusses. Damit sei auch die Durchsetzungsfähigkeit der Jugendhilfepolitik im Rat geschwächt.

Auch in Kommunen, in denen es unmittelbare Probleme bei der Besetzung der Ausschussplätze nicht gibt, wird – vor allem von Seiten der Verwaltungsvertreter – das Verhältnis zwischen Jugendhilfeausschuss und Rat thematisiert. Hier wird der Wunsch geäußert, dass der Jugendhilfeausschuss seine Kompetenzen stärker nutzen sollte. Dies gilt sowohl für die Rechte, die ihm nach dem KJHG zustehen, als auch für die Zuständigkeiten, die im Rahmen der Budgetierung und der dezentralen Ressourcenverantwortung delegiert wurden. Eine aktivere Rolle des Ausschusses fordern einige Jugendamtsleiter in doppelter Hinsicht: Zum einen wünscht man sich „mehr Inputs für die Verwaltung des Jugendamts", zum anderen eine intensivere jugendhilfepolitische Interessenvertretung im Rat und in den Fraktionen.[11]

---

11 Auch in der Literatur wird vielfach darauf hingewiesen, dass der Jugendhilfeausschuss seine Kompetenzen nur unzureichend nutzt; vgl. zusammenfassend Liebig 2001:54f. mit weiteren Literaturangaben.

Die Abstimmung der Jugendhilfe mit anderen Ausschüssen wird vielfach als mangelhaft bewertet. So werden nur mangelhafte Informationen über Belange von Kindern und Jugendlichen in andere Ausschüssen weitergegeben. Beispielsweise findet im Hinblick auf die Spielplatzplanung zu wenig Austausch mit dem Planungs- und Baubereich statt, obwohl dies notwendig wäre, weil es immer wieder baurechtliche Probleme gibt (bspw. Nachbarschaftsklagen). Besonders schwierig ist hier die Situation von Kreisjugendhilfeausschüssen, da der Planungs- und Baubereich Sache der einzelnen Kommune ist, sodass Ausschüsse auf Kreisebene mit vielen Akteuren zu tun haben.

Auch die fehlende Wahrnehmung des Ausschusses in der Öffentlichkeit wird häufig bemängelt. Dies hängt auch mit der schwierigen Erfolgsdarstellung in der Gesellschaft zusammen: „Es ist für ein Ausschussmitglied leichter, die Ansiedlung eines Unternehmens mit 20 Arbeitsplätzen in der Öffentlichkeit als Erfolg zu verkaufen, als die Reduzierung der Heimunterbringungen in einem Stadtteil." Dies gilt insbesondere, wenn ein hoher Konsens im Ausschuss besteht, was nach einhelliger Aussage vieler Mitglieder die Ausschussnormalität ist: „Wenn ein großes Bauvorhaben im Bauausschuss und der Öffentlichkeit kontrovers diskutiert wird, hat es die volle Aufmerksamkeit der Medien. Geht es jedoch um einen einhelligen Beschluss für die Instandsetzung von Jugendheimen, „hört kaum ein Mensch hin". Die Transparenz der Jugendhilfeausschussarbeit ist daher ungenügend. So weiß in der Öffentlichkeit kaum jemand, was im Jugendhilfeausschuss überhaupt gemacht wird.

Nicht selten wird – sowohl von Verwaltungs- als auch von Ausschussvertretern – eine mangelnde fachliche Kompetenz von Ausschussmitgliedern beklagt. Diese Problematik bezieht sich vor allem auf die Ratsvertreter im Ausschuss, während die Vertreter der freien Träger in der Regel durch ihre berufliche oder ehrenamtliche Tätigkeit zumindest mit Teilfragen der Jugendhilfe vertraut sind. In Einzelfällen scheinen allerdings auch die Träger Schwierigkeiten mit einer qualifizierten Besetzung ihrer Ausschussplätze zu haben. Dies gilt vor allem in kleinen Kommunen, wenn es zum Beispiel in einem Kreis mehrere Stadtjugendämter gibt und die oft auf Kreisebene organisierten Träger mehrere Ausschüsse abdecken müssen. In einer Kommune wird auch auf das Problem hingewiesen, dass kein großer Träger mehr in der Kommune eine Geschäftsstelle unterhält, sodass die Trägervertreter von außerhalb kommen.

Das Verhältnis zwischen Ratsmitgliedern und Trägervertretern im Ausschuss ist nicht immer spannungsfrei.[12] Einige Ratsmitglieder fühlen sich durch die höhere Fachkompetenz der Trägervertreter „an die Wand gedrückt", einige Trägervertreter kritisieren, dass viele Vorabsprachen innerhalb der Fraktionen getroffen würden und sie davon ausgeschlossen seien:

---

12 Zur Problematik der unterschiedlichen Interessen und „Kollisionslagen" im Ausschuss vgl. Münder/Ottenberg 1999:75ff.

„Uns versuchen die nur einzubinden, wenn sie uns brauchen." In anderen Kommunen wird hingegen kritisiert, dass die Trägervertreter zu eng an die Fraktionen gebunden seien und damit ihre Funktion einer jugendhilfepolitischen Interessenvertretung gegenüber der Berücksichtigung von parteipolitischen Belangen zu kurz käme.

Einige Ratsmitglieder konstatieren bezüglich der Verbandsvertreter, dass viele nur darauf schauen, „ihr eigenes Fell zu retten, langfristige Politik wird dabei aus den Augen verloren". Dies führt auch zur mangelnden Vernetzung freier Träger. Nicht immer bringen Verbandsvertreter tatsächlich die gewünschte Fachkompetenz ein. Als problematisch wird dies vor allem in Kreisen eingestuft, in denen viele, meistens kleine städtische Jugendämter bestehen: Aufgrund der Vielzahl von zu besetzenden Ausschussplätzen haben die Träger manchmal Schwierigkeiten, genügend qualifizierte Vertreter zu finden. Als problematisch wird weiterhin empfunden, wenn die Verbände nicht Fachleute, sondern Geschäftsführer in den Ausschuss entsenden: Diese bringen nach Wahrnehmung vieler (auch verbandlicher) Ausschussmitglieder eben keine Fachkompetenz ein, sondern vertreten letztlich die wirtschaftlichen Interessen ihres Verbandes.

Zusammenfassend lässt sich feststellen, dass die Trägervertreter einerseits als Ausschussmitglieder gefragt sind, weil sie Fachkompetenz einbringen können, andererseits ihre Rolle auf Grund von unbestreitbar vorhandenen Interessenkollisionen vielfach als problematisch empfunden wird.

2.3.2 Initiativen zur Veränderung der Ausschussarbeit

Die Entwicklung der Verwaltungsmodernisierung ebenso wie die Wahrnehmung von Problemen in der Ausschussarbeit führen in vielen Kommunen zu Initiativen zur Veränderung der Ausschussarbeit. Dabei ist festzustellen, dass dieses Thema in vielen Kommunen noch relativ neu zu sein scheint, jedoch langsam eine entsprechende Diskussion in immer mehr Ausschüssen in Gang kommt (und teilweise auch von der Verwaltungsseite angestoßen wird).[13] Neben Berichten über bereits praktizierte neue Arbeitsformen (welche von den Ausschussmitgliedern durchweg als sehr positiv empfunden werden) äußern die Ausschussmitglieder in den Interviews, in der schriftlichen Befragung und im Workshop eine Reihe von Ideen. Betrachtet man die Ergebnisse der schriftlichen Befragung der Ausschussvorsitzenden, so ist der Realisierungsstand auf breiter Basis allerdings noch nicht sehr weit fortgeschritten: Nur 28% berichten davon, dass es im Ausschuss Initiativen zur Veränderung der Ausschussarbeit gibt. Die meisten der im Folgenden beschriebenen

---

13 Zur Qualitätsentwicklung in den Ausschüssen vgl. auch Der Paritätische Wohlfahrtsverband 2000, insbes. S. 18ff.; allgemein zu den Möglichkeiten der Ausschussarbeit Landschaftsverband Westfalen-Lippe 2000.

Maßnahmen sind in einigen Kommunen bereits umgesetzt, während sie sich anderswo im Stadium von Vorschlägen befinden.

Ein wesentlicher Punkt betrifft laufende Fortbildungen für die Mitglieder des Ausschusses. Fortbildungen sind besonders wichtig, weil im Jugendhilfeausschuss zum Teil eine hohe Fluktuation der Mitglieder festzustellen ist. Vor allem neue Mitglieder des Ausschusses erhalten in einigen Kommunen zu Beginn der Ratsperiode Schulungen zum „ABC des Jugendhilfeausschuss-Arbeit". Darüber hinaus gehen immer mehr Ausschüsse dazu über, Seminare zu bestimmten Themenfeldern zu veranstalten. Veranstaltungen „vor Ort" wird von den Ausschussmitgliedern der Vorzug gegeben gegenüber Seminaren von Anbietern außerhalb der Kommune. Während einige Verwaltungsvertreter bedauern, dass „ihre" Ausschussmitglieder nur in geringem Maße zur Teilnahme an externen Fortbildungsveranstaltungen bereit seien, merken einige Ausschussmitglieder an, dass sie derartige Veranstaltungen – beispielsweise beim Landesjugendamt – als für sie nicht geeignet empfunden hätten, weil Verwaltungsvertreter dort die überwiegende Mehrheit bilden und diese eine Fachdiskussion führen, die für ehrenamtliche Politiker schwer nachvollziehbar sei. Einige Befragte merken zwar an, dass sie Wert auf den Austausch mit anderen Kommunen legen, jedoch scheinen dafür Veranstaltungen sinnvoll zu sein, die sich speziell an die Ausschussmitglieder wenden.

Ein weiteres Handlungsfeld bezieht sich auf Maßnahmen zur Steigerung der Sitzungseffizienz. Hier ist eine ganze Liste von Maßnahmen zu benennen, die teilweise Selbstverständlichkeiten zu sein scheinen – wie aber die Praxis zeigt, sind sie es keinesfalls:

– Dazu gehört beispielsweise die Vereinbarung über eine frühzeitige Versendung von Tagesordnungen und Sitzungsunterlagen – was, wie die häufige diesbezügliche Kritik in den Interviews zeigt, in vielen Verwaltungen noch lange keine Selbstverständlichkeit ist.

– In einer Kommune hat man sich darauf geeinigt, dass der Inhalt schriftlicher Vorlagen nicht mehr mündlich vorgetragen wird, um die Zeit stattdessen für Diskussionen zu nutzen.

– Von Seiten der Verwaltungen wird häufiger mit Folien und anderen Formen der visuellen Darstellung gearbeitet.

– Zur Gestaltung der Sitzungen erweisen sich für Ausschussvorsitzende und Amtsleiter Qualifizierungen in Moderationstechniken als sinnvoll.

– In einigen Ausschüssen ist man bestrebt, verstärkt die jeweils mit einem Thema befassten Sachbearbeiter einzuladen, um eine unmittelbare Diskussion zwischen ihnen und den Ausschussmitgliedern zu ermöglichen.

– Einigen Ausschussmitglieder schlagen eine Redezeitbegrenzung vor, weil sie darin die einzige Möglichkeit sehen, unproduktive und zeitaufwändige „Fensterreden" zu verhindern.

– Fragen der Sitzordnung und der Räumlichkeiten spielen eine nicht zu unterschätzende Rolle: So berichten die Ausschussmitglieder in einer der 15 untersuchten Kommunen, dass in ihrem Ausschuss die Ratsmitglieder

im inneren und die Vertreter der freien Träger im äußeren Kreis sitzen –
„eine nicht sehr gelungene Lösung", so ein Befragter. Auch das Sitzen in
Reihen in einem riesigen Ratssaal ist nicht gerade dazu angetan, die Diskussion miteinander zu fördern.

- In einer der 15 untersuchten Kommunen bezeichnen zwei Befragte es als
eine „tolle Innovation", dass es seit einiger Zeit Namensschilder im Ausschuss gibt, sodass man auch als Neuling wisse, mit wem man es zu tun
hat. Ein wechselseitiges Kennenlernen der Ausschussmitglieder könnte
die Arbeit wesentlich erleichtern. Wenn schon Namensschilder als tolle
Innovation empfunden werden, wird deutlich, wie viel hier in manchen
Kommunen noch zu tun ist.
- Wie die Fallstudien in den 15 Kommunen zeigen, gibt es nicht überall
Sitzungsprotokolle. Darin sehen einige Befragte ein großes Defizit. In
der Tat sollten kurze Ergebnisprotokolle eine Selbstverständlichkeit sein,
um die Beschlüsse aus einer Sitzung nachvollziehbar zu machen. Darüber hinaus werden in einigen Fällen Instrumente für die kontinuierliche
Überprüfung „alter Beschlüsse" erarbeitet, um die Mitglieder bei der
Kontrolle der eigenen Arbeit unterstützen. Hierzu werden weitgehend
standardisierte Formulare benutzt, in denen stichwortartig Beschlüsse
sowie der Stand der Umsetzung aufgelistet werden.
- Angesprochen wird schließlich von einigen Interviewpartnern die Sit-
zungsfrequenz. In den untersuchten Kommunen liegt sie zwischen dreimal im Jahr und einmal im Monat. Keiner der Befragten klagte über zu
häufige Sitzungen; in der Kommune hingegen, in der der Ausschuss nur
dreimal jährlich tagt, merken mehrere Ausschussmitglieder an, dass dies
eine sinnvolle inhaltliche Arbeit verhindert. Es ist sicher nicht möglich,
allgemein gültig für alle Kommunen eine Mindestfrequenz anzugeben –
dies hängt zweifellos von örtlichen Gegebenheiten ab -; dreimal jährlich
ist jedoch offenkundig zu wenig.
- Termine sollten frühzeitig – am besten am Jahresanfang – geplant und ein-
gehalten werden. So wird aus einer Kommune berichtet, dass häufige Ter-
minverschiebungen dazu führen, dass viele Mitglieder nicht anwesend sein
können; in anderen Fällen werden zu kurzfristige Terminierungen kritisiert.

Um den Anforderungen an eine strategische Steuerung und an eine vertiefte
inhaltliche Diskussion gerecht zu werden, führen die Ausschüsse in ver-
stärktem Maße Klausuren und Fachtagungen durch. So wurden in einer
Kommune beispielsweise Standards für die Erziehungshilfe entwickelt, um
der Verwaltung Entscheidungskriterien für Einzelfälle an die Hand zu geben.
Mit ähnlichen Zielperspektiven werden Arbeitsgruppen zu bestimmten Themenfeldern eingerichtet. Des Weiteren werden zu bestimmten Themen Refe-
renten eingeladen, die aus der Verwaltung oder aus Verbänden gewonnen
werden. In einer der untersuchten Kommunen ist für das Jahr 2002 die
Durchführung eines Planspiels angedacht, um Zukunftsperspektiven für die
Jugendarbeit zu entwickeln.

Einen Anknüpfungspunkt für eine verbesserte strategische Diskussion kann die Jugendhilfeplanung bilden. Zur Verbesserung der Jugendhilfeplanung wurde beispielsweise in einer Kommune eine Moderatorengruppe gebildet. Die Moderatorengruppe soll benutzt werden, um langwierige Themen, die viel Zeit und Sachkompetenz brauchen, aus dem Ausschuss herauszunehmen und vorzubereiten. Die Moderatorengruppe bildete drei Untergruppen zu den Themen Kindergarten und Kindertagesstätten, Kinder und Jugend sowie Hilfen zur Erziehung. Nach einer vorbereitenden Beratung der Moderatorengruppe werden die Schwerpunkte in den Untergruppen bearbeitet und in den Ausschuss getragen. Unterausschüsse zur Jugendhilfeplanung gibt es inzwischen in vielen Kommunen und werden von den Ausschussmitgliedern sehr positiv bewertet.[14]

Auch über die Jugendhilfeplanung hinaus hat sich die Bildung von nicht öffentlichen Unterausschüssen zur Vorbereitung von Ausschusssitzungen in vielen Kommunen bewährt. Dort besteht mehr Zeit für inhaltliche Diskussionen und Absprachen, die so im Ausschuss selbst eingespart werden kann. Darüber hinaus kann in nicht öffentlicher Diskussion eine offenere, stärker lösungsorientierte inhaltliche Debatte ohne Rücksicht auf Profilierungsinteressen stattfinden.

Die Durchführung von gemeinsamen Sitzungen mit anderen Ausschüssen gewinnt an Bedeutung, wenn es darum geht, inhaltliche Fragen, die auf der Schnittstelle zwischen zwei Ausschüssen angesiedelt sind, vertieft zu diskutieren. Vor allem stellen gemeinsame Sitzungen ein Instrument dar, um die Belange von Kindern und Jugendlichen auch in andere Ausschüsse hineinzutragen. Dies betrifft vor allem Ausschüsse wie den Schul-, den Sozial- und den Gesundheitsausschuss, aber nicht zuletzt auch den Bau- und den Planungsausschuss: Belange von Kindern und Jugendlichen müssten in der Stadtplanung viel stärker berücksichtigt werden. Weiterhin führen einige Kreisjugendhilfeausschüsse Infoveranstaltungen für Ratsmitglieder der Mitgliedskommunen durch, um die Politik „vor Ort" für Fragen der Jugendhilfepolitik zu sensibilisieren.

Eine zunehmend wichtige Rolle bei der Ausrichtung der Ausschussarbeit spielt auch die Organisation der Partizipation von Jugendlichen und Bürgergruppen. Zu diesem Zweck führen einige Ausschüsse ihre Sitzungen verstärkt außerhalb des Rathauses beispielsweise in Jugendeinrichtungen durch: „Die Leute aus der Einrichtung können dann eine Stunde gestalten; da müssen wir Politiker zuhören." Weitere Instrumente sind Jugendbefragungen und

---

14 Betont wird allerdings auch, dass selbst der beste Unterausschuss einen hauptamtlichen Jugendhilfeplaner nicht ersetzen kann. So gibt es in einer der 15 untersuchten Kommunen einen Unterausschuss, der genau aus diesem Grunde geschaffen wurde. So positiv die Mitglieder die Arbeit im Unterausschuss sehen, so negativ bewerten sie das Fehlen der Fachkompetenz eines hauptamtlichen Jugendhilfeplaners. Umgekehrt wird aus einer Kommune darüber berichtet, dass der Unterausschuss durch den hauptamtlichen Planer moderiert wird und die Kooperation zwischen Unterausschuss und Planer von hoher Bedeutung ist.

die Durchführung von konkreten Beteiligungsprojekten. In vielen Kommunen gibt es Projekte zur Partizipation von Kindern und Jugendlichen, in denen diese etwa ihre Vorstellungen zu Freizeitangeboten oder ihre Wünsche an die Gestaltung von Spielflächen einbringen können. Häufig werden solche Projekte auch genutzt, um Material für die Jugendhilfeplanung zu sammeln: Die in diesem Rahmen erarbeiteten Vorstellungen von Kindern und Jugendlichen gehen in die kommunale Planung ein. In einer der untersuchten 15 Kommunen führt der Ausschuss vor der Sitzung regelmäßig eine Bürgersprechstunde durch; einige Interviewpartner aus anderen Kommunen sprechen diese Möglichkeit als eine sinnvolle Innovation an. Von einigen wird eine stärkere Kooperation mit Schülervertretungen und Schülersprechern vorgeschlagen, von anderen die Einrichtung einer speziellen „Elternsprechstunde".

Ein anderes Instrument besteht in der Durchführung von Ortsteilkonferenzen, in denen, in der Regel moderiert durch das Jugendamt, Vertreter von jugendpolitisch relevanten Akteuren zusammentreffen – von Schulen, Kindertagesreinrichtungen, Jugendzentren, Kirchen und Verbänden sowie interessierte Privatpersonen. Auch auf dieser Ebene werden Vorstellungen über gewünschte Angebote entwickelt, die auf den Ortsteil – bzw. bei Kreisjugendämtern auf die jeweilige Mitgliedskommune – bezogen sind.

Ein Weg, die Öffentlichkeitsarbeit zu verbessern, sind gezielte Pressegespräche und Hintergrundinformationen vor den Sitzungen. Redaktionen könnten rechtzeitig mit Pressemitteilungen versorgt werden und Einladungen zu Sitzungen erhalten. Das „Sommerloch" könnte gezielt genutzt werden, um jugendhilfespezifische Themen in die Presse zu bringen, die nicht so sehr von der Tagesaktualität abhängen. Weiterhin könnten öffentlichkeitswirksame Aktionen, die Belange von Kindern und Jugendlichen betreffen, durchgeführt oder besser vermarktet werden (z. B. Neueröffnung eines Spielplatzes, oder die Unterstützung einer Elterninitiative für einen Spielzeugbasar). Auch das Internet könnte genutzt werden, um zum einen die Arbeit des Jugendhilfeausschusses darzustellen und zum anderen mit Hilfe der interaktiven Möglichkeiten dieses Mediums Dialoge zu initiieren.

Was das Verhältnis zwischen Ratsmitgliedern und freien Trägern betrifft, so wird dies in den Interviews im Hinblick auf die Veränderung der Ausschussarbeit nur selten thematisiert. Als im Rahmen des hier dargestellten Projektes ein Workshop zu Perspektiven der Jugendihlfeausschussarbeit durchgeführt wurde, stand in der Arbeitsgruppe, die sich im Kontext des Workshops für Jugendhilfeausschussmitglieder mit Fragen der Zukunft freier Träger befasste, vor allem die Forderung nach einer klaren Rollentrennung im Mittelpunkt (Wohlfahrt 2001): Die Verbände sollten sich bemühen, nicht die Vertreter ökonomischer Interessen, sondern Fachleute in die Ausschüsse zu entsenden. Inwieweit diese allerdings in der Lage sind, tatsächlich unabhängig von den ökonomischen Interessen ihres Verbandes eine fachpolitische Diskussion zu führen, muss sicher in Frage gestellt werden.

In diesem Zusammenhang ist auch anzumerken, dass das Verhältnis zwischen Trägervertretern und Fraktionen lokal höchst unterschiedlich ist. Auf der einen Seite gibt es Kommunen, in denen die Trägervertreter den einzelnen Fraktionen zugeordnet sind und regelmäßig an ihren Sitzungen teilnehmen. In diesen Kommunen werden die Plätze der Trägervertreter meistens nach einem parteipolitischen Zugriffsverfahren besetzt, das heißt, die einzelnen Träger reichen Vorschläge ein, aus denen jede Fraktion je nach Mehrheitsverhältnissen eine bestimmte Anzahl auswählen kann. Auf der anderen Seite ist in manchen Kommunen ein Verfahren vorzufinden, das eine Besetzung der Plätze freier Träger unabhängig vom Fraktionsproporz vorsieht: Hier erstellen die örtlichen Träger eine gemeinsame Liste für die zur Verfügung stehenden Plätze, die vom Rat faktisch nur noch bestätigt wird. Zwischen diesen beiden Extremen liegen Verfahrensweisen, in denen die Fraktionen auf der Grundlage der Trägervorschläge im Konsens eine Liste erstellen. Eine solche Liste ist in der Regel natürlich auch mehr oder weniger stark von Proporzaspekten geprägt: „Ist doch klar, dass die SPD die AWO drinhaben will und die CDU die Caritas!"

Unabhängig davon, wie die Auswahl der Trägervertreter zu Stande kommt, wird von einigen Befragten darauf hingewiesen, dass es wichtig ist, eine zu starke Bindung von Trägervertretern an eine Fraktion aufzubrechen. In einer Kommune hat man daher vor einigen Jahren das am Parteiproporz orientierte Auswahlverfahren umgestellt und richtet sich nun nach dem Vorschlagspaket der örtlichen Träger. Dies, so ein Ratsmitglied, sei zunächst gewöhnungsbedürftig gewesen, habe aber zu einer Verbesserung der inhaltlichen Arbeit über parteipolitische Grenzen hinweg geführt. Aus einer anderen Kommune wird berichtet, dass der Jugendhilfeausschuss durch die Orientierung am Vorschlagspaket der Träger nicht mehr unbedingt die Mehrheitsverhältnisse im Rat widerspiegelt, da durch die Trägervorschläge überproportional viele Personen in den Ausschuss kamen, die inhaltlich eher der Minderheitsfraktion nahe standen. Dies wiederum habe dazu geführt, dass die Mitglieder der Mehrheitsfraktionen sich an kontroversen Diskussionen und bei Abstimmungen im Jugendhilfeausschuss „lächelnd zurücklehnten", so ein Befragter, und darauf verwiesen, dass man den Beschluss im Rat „kippen" werde. Hieran zeigt sich, dass, je nach örtlicher Kultur, dieselbe Maßnahme zu höchst unterschiedlichen Ergebnissen führen kann.

Umgekehrt gibt es auch Fälle, in denen die Vertreter der freien Träger zwar nach Parteiproporz bestimmt werden, aber sich deshalb nicht zwangsläufig der jeweiligen Partei zugehörig fühlen oder von den Parteien einer bestimmten Fraktion zugerechnet werden. Kennzeichnend dafür ist die folgende Aussage eines Trägervertreters: „Ich bin zwar über das CDU-Ticket im Ausschuss, aber die anderen Fraktionen laden mich auch ein, um Themen inhaltlich zu diskutieren, und es ist selbstverständlich, dass ich dahin gehe. Mein Kollege von der AWO geht genauso selbstverständlich auch zur CDU." Unabhängig davon, wie die Auswahl der Trägervertreter zu Stande kommt, ist dies offenkundig ein Punkt, der für die inhaltliche Diskussion im Ausschuss wichtig ist: Wenn die Trägervertreter sich nicht zu stark in eine bestimmte Fraktion einbinden lassen, sondern eher eine inhaltlich unabhängige

Position wahrnehmen, trägt dies zu einer offeneren Diskussion – über Fraktionsgrenzen hinweg – im Ausschuss insgesamt bei.

Die Kultur der Zusammenarbeit innerhalb des Ausschusses ist auch darüber hinaus örtlich sehr unterschiedlich. Es gibt Ausschüsse, in denen – nach kontroverser inhaltlicher Diskussion, wie die Mitglieder betonen – die meisten Entscheidungen letztlich einstimmig fallen, und es gibt Ausschüsse, die von Kampfabstimmungen geprägt sind. Bei ersteren findet sich ein manchmal sehr hohes Maß an Wir-Gefühl: Die Ausschussmitglieder verstehen sich in erster Linie als jugendhilfepolitische Interessenvertreter und nehmen diese Funktion – mehr oder weniger ausgeprägt – auch innerhalb ihrer Ratsfraktion wahr. In manchen Fällen wird dieses Wir-Gefühl gepflegt, indem gemeinsame Unternehmungen organisiert werden: „Wir gehen öfter mal zusammen grillen. Und gerade wenn wir inhaltlich heftig diskutiert haben, ist es wichtig, danach zusammen ein Bier zu trinken."

Es wäre mit Sicherheit verfehlt, derartige Aussagen dahingehend zu interpretieren, dass der Jugendhilfeausschuss damit zu einem eher unpolitischen Kaffeekränzchen würde. Das Gegenteil trifft eher zu: Eine Vertrauenskultur innerhalb des Ausschusses schafft eine Basis für kontroverse, aber konstruktiv mit dem Ziel der Problemlösung geführte inhaltliche Diskussionen. Eine derartige Kultur ist oft stark von den handelnden Personen geprägt. Es ist fraglich, inwieweit sie sich gezielt aufbauen lässt. Viele der hier aufgeführten Maßnahmen können sicher Schritte auf dem Weg dorthin sein – zu nennen sind insbesondere die Durchführung von Klausurtagungen, Workshops usw. und die Schaffung einer möglichst unabhängigen Position der Trägervertreter.

2.4 Die Diskussion um die Rolle freier Träger im Ausschuss

Infragegestellt wird seit einiger Zeit nicht nur die Arbeitsweise des Jugendhilfeausschusses, sondern auch seine Struktur. Diese Debatte begründet sich nicht durch Probleme in der Ausschussarbeit, wie sie unter 2.3.1 skizziert wurden. Hintergrund sind vielmehr generelle Überlegungen zur Umsetzung der neuen Steuerungsmodelle sowie zu Deregulierung im Sinne der Lösung von Vorschriften, die die kommunale Organisationshoheit einschränken.

Vor diesem Hintergrund haben die Innenminister der Länder und ein Teil der kommunalen Spitzenverbände mehrere Initiativen unternommen, die darauf abzielen, die bundesrechtlichen Organisationsvorschriften für die Jugendämter zu lockern („Zuständigkeitslockerungsgesetz" [15]). Damit sollte die Möglichkeit geschaffen werden, dem Jugendhilfeausschuss mit der Jugendhilfe zusammenhängende Aufgaben zu übertragen, sodass die Zusammenfassung etwa mit dem Schul- oder dem Sozialausschuss der rechtlichen Grauzo-

---

15 vgl. zu den Argumenten im Einzelnen Verein für Kommunalwissenschaften 2000; zusammenfasnd Liebig 2001; kontrovers zum Beispiel Struck 2001.

ne entzogen worden wäre. Die Länder sollten darüber hinaus das Recht erhalten, Abweichungen von der in § 71 geregelten Zusammensetzung des Ausschusses zuzulassen, wobei eine angemessene Beteiligung der freien Träger sichergestellt werden sollte. Zuletzt scheiterten diese Initiativen im Mai 2001.

Etwas verkürzt spitzte sich die Diskussion auf die Frage hin zu, ob freie Träger weiterhin stimmberechtigte Mitglieder des Ausschusses sein sollen und – damit zusammenhängend – ob ein eigenständiger Jugendhilfeausschuss vorgeschrieben sein muss. Sowohl bei Gegnern als auch bei Befürwortern der Veränderungsinitiativen gerieten die Details vielfach aus dem Blickfeld. Insofern wird die Rolle der freien Träger im Ausschuss in den letzten Jahren intensiv diskutiert.

In diesem Kontext wurden im Rahmen der 15 Fallstudien sowohl Verwaltungs- als auch Ausschussvertreter danach gefragt, ob die freien Träger ihrer Auffassung nach stimmberechtigte Mitglieder im Ausschuss sein sollen. Von den Ausschussmitgliedern sind 87% eindeutig gegen eine Veränderung, 6% sind dafür, 3% sehen sowohl Pro- als auch Contra-Argumente, und 4% machen keine Aussage. Nicht ganz so eindeutig ist das Bild auf der Verwaltungsseite: Von den 15 Befragten in den Verwaltungen der Jugendämter sind immerhin fünf der Meinung, dass eine Veränderung der im KJHG enthaltenen Vorschriften sinnvoll wäre.

Die Argumente, die für die bisherige Lösung – also die stimmberechtigte Mitgliedschaft freier Träger – angeführt werden, beziehen sich vor allem darauf, dass sie Fachkompetenz einbringen, einseitig parteipolitische Sichtweisen in der Jugendhilfe verhindern und in der Gesellschaft verankert sind. Freie Träger, so mehrere Interviewpartner, gehörten zum Kern der Jugendhilfe und sollten daher auch im Ausschuss verankert bleiben. Sie seien in ihrer traditionellen Rolle als „Sozialanwalt" auch Interessenvertreter ihrer Klienten und damit der Schwachen der Gesellschaft. Darüber hinaus wird darauf verwiesen, dass die freien Träger für viele Leistungen Eigenanteile erbringen, die sie sicher in Frage stellen würden, wenn sie nicht mehr über den Jugendhilfeausschuss in Verantwortung und Gestaltung eingebunden wären. Schließlich werden in den meisten Kommunen die Kooperationsbeziehungen – trotz einiger Konflikte im Einzelnen – als gut bezeichnet, und diese Beziehungen möchte man nicht gefährden.

Nicht zuletzt spielen auch Machtfaktoren eine Rolle: Die besondere Struktur verleiht dem Jugendhilfeausschuss und damit der Jugendhilfe ein Gewicht, das man aus fachpolitischer Perspektive – gerade in Zeiten knapper Kassen – nicht missen möchte. Da die freien Träger nicht in eine Fraktionsdisziplin eingebunden sind, ist der Ausschuss – zumindest potenziell – dem Rat gegenüber konfliktfähiger. Gleiches gilt für das Jugendamt innerhalb der Verwaltung: „Ich bin bei Kürzungen meistens besser weggekommen als meine Kollegen, weil ich notfalls die Kampftruppe im Ausschuss mobilisieren kann", so ein Amtsleiter. Diese Machtfragen werden allerdings eher von Seiten der Jugendamtsverwaltung und von überregionalen Verbandsvertretern thematisiert, kaum hingegen von den Ausschussmitgliedern. Diesen, so ein Verbandsvertreter, sei ihre Machtposition meistens viel zu wenig bewusst.

Gegen diese Auffassungen wird auf zwei Ebenen argumentiert, nämlich einerseits aus eher fachpolitischer Perspektive, andererseits unter grundsätzlichen Gesichtspunkten. Aus der fachpolitischen Perspektive wird häufig angemerkt, dass die Verankerung in der Gesellschaft der Vergangenheit angehöre, weil bürgerschaftliches Engagement sich inzwischen eher außerhalb der Verbände manifestiere (vgl. 3.1.1). Verbandsvertreter seien außerdem nur in den Teilbereichen fachkompetent, die ihre Tätigkeit betreffen. Diese Fachkompetenz könne sich der Ausschuss auch sichern, indem man Verbandsvertreter punktuell als Experten einlädt. Außerdem seien nicht die Fachleute, sondern die Vertreter wirtschaftlicher Interessen des Verbandes Ausschussmitglieder. Insofern würden die Verbände in erster Linie Eigeninteressen vertreten. Vor allem werden Interessenkollisionen zwischen der Rolle der Verbände als Mitgestalter der Politik und als Leistungserbringer problematisiert. Dies wiederum würde dazu führen, dass das Angebot und nicht die Nachfrage die Entscheidungen des Ausschusses dominieren.

Die eher grundsätzlich orientierte Argumentation knüpft teilweise daran an. Gerade im Zuge der Entwicklung neuer Steuerungsmodelle wird vielfach eine klare Trennung zwischen Auftraggeber und Auftragnehmer postuliert, sodass die Mitgliedschaft von Leistungserbringern in einem Gremium, das über Auftragsvergaben zu entscheiden hat, systemwidrig erscheint. Des Weiteren werden die Vorschriften des KJHG als Eingriff in die kommunale Organisationshoheit kritisiert. Unter dem Gesichtspunkt der Haushaltskonsolidierung schließlich ist gerade die höhere Konfliktfähigkeit des Ausschusses aus der Sicht der Querschnittspolitik und -verwaltung nicht wünschenswert. Hieran zeigt sich auch, dass die Debatte in hohem Maße von Konflikten zwischen Fach- und Querschnittspolitik geprägt ist.

In einigen Fällen sind es einfach negative Erfahrungen auf lokaler Ebene, die dazu führen, dass manche Ausschuss- oder Verwaltungsvertreter eine Strukturveränderung wünschen. So gibt es unter den untersuchten 15 Kommunen eine, in der die Beziehungen zwischen Stadt und Verbänden als sehr konflikthaft geschildert werden. Hier fordern der Amtsleiter und drei von vier befragten Ratsvertretern im Ausschuss die Beendigung der Mitgliedschaft der freien Träger. Ein Ratsmitglied aus einer anderen Kommune gibt als Begründung für ihre Befürwortung dieser Forderung an, dass alle anderen Ratsvertreter in ihrem Ausschuss Beschäftigte von Verbänden seien, sodass sie sich geradezu „eingekeilt" fühle. Ein Ratsmitglied aus einer weiteren Kommune meint, die freien Träger seien sehr abhängig von der Auftragsvergabe durch die Verwaltung und daher wenig konfliktfähig; sie würden eher die „Position des Amtes in den Ausschuss tragen".

Insbesondere die fachpolitischen Argumente werden von denjenigen, die eine Beibehaltung der bisherigen Lösung befürworten, oft durchaus als zumindest teilweise richtig bezeichnet. Viele Ausschussmitglieder vertreten aber die Auffassung, dass die Vorteile der Mitgliedschaft schwerer wiegen als die Nachteile. Wenn auch die Verankerung der Verbände in der Gesellschaft zweifellos zurückgegangen sei, so ein Befragter, so seien die freien Träger doch immer noch „näher am Bürger" und vor allem an den betroffenen Klienten als die Politik selbst. Selbst wenn die Trägervertreter nur in Teilbereichen Fachleute sind, decken sie in ihrer Gesamtheit doch die meisten Felder ab. Im Hinblick auf die zweifellos vorhandenen Interessenkollisionen bezeichnen es einige Ratsmitglieder als Aufgabe der Politik, die am Gemeinwohl orientierte Sichtweise zu vertreten und sicherzustellen, dass nicht Einzelinteressen dominieren.

Eine klare Trennung zwischen Auftraggeber und Auftragnehmer, so einige Befragte, gebe es im Übrigen sowieso nicht, denn auch der öffentliche Träger selbst erbringt – teilweise in Konkurrenz zu den Verbänden – Leistungen, sodass letztlich auch die Ratsmitglieder im Ausschuss Vertreter eines Leistungsanbieters sind. Insofern sei es wichtig, dass für öffentliche und freie Leistungsanbieter dieselben Bedingungen im Hinblick auf Vertragsgestaltung und Controlling gelten. Die eigentliche Trennlinie zwischen Auftraggeber und Auftragnehmer würde dann nicht zwischen öffentlichen und freien Trägern, sondern zwischen Ausschuss und Leistungserbringern verlaufen.

Die fünf Jugendamtsleiter, die für eine Veränderung sind, lassen sich in zwei Gruppen aufteilen: Drei Amtsleiter halten die Mitgliedschaft der freien Träger im Ausschuss für problematisch und führen dafür jeweils einige der oben genannten Argumente an. Ein Befragter ist darüber hinaus der Auffassung, dass die Trägervertreter im Ausschuss die Ratsmitglieder in Konflikte mit der Verwaltung des Jugendamtes hineintreiben. Ein anderer meint, durch die gute Zusammenarbeit zwischen Politik und Verwaltung in seiner Kommune könne man gemeinsam „die Verbände klein halten".

Die zwei anderen Amtsleiter kommen aus Kommunen, die mit der Zusammenlegung des Jugendhilfeausschusses mit dem Schul- bzw. Sozialausschuss eine veränderte Ausschussstruktur erproben. Der Wunsch nach einer Veränderung der rechtlichen Regelungen rührt hier daher, mehr Freiraum für lokale Lösungen zu gewinnen, um Zielsetzungen wie die Zusammenführung mit anderen Politikfeldern leichter realisieren zu können. Dabei wird aber von beiden betont, dass die Integration der freien Träger auch weiterhin sichergestellt werden muss. „Aber dazu sind auch andere Formen denkbar als eine stimmberechtigte Mitgliedschaft", so die Auffassung eines Amtsleiters, der hinzufügt, dass derartige Formen der verstärkten Einbindung gesellschaftlicher Akteure auch für andere Ausschüsse sinnvoll wären und schon von daher kein Sonderstatus des Jugendhilfeausschusses erforderlich sei. Eine derart differenzierte Sichtweise findet sich in der Debatte allerdings selten.

Auf Seiten der freien Träger scheinen die Diskussionen durchaus positive „Nebenwirkungen" zu haben, indem sie Impulse für in Ansätzen seit langem geführte Debatten um die Zukunft der Verbände geben. Die Diskussion wird als Indikator für eine Glaubwürdigkeitskrise wahrgenommen, die aus der ungenügenden Trennung der Funktionen als Dienstleistungsanbieter einerseits und als Mitgestalter und Sozialanwalt andererseits resultiert (Wohlfahrt 2001). In den Verbänden wird demzufolge über eine stärkere Rollentrennung beider Funktionen nachgedacht, die zugleich mit der Frage verbunden wird, worin die eigentliche Bedeutung und Zukunftsfähigkeit des Wohlfahrtsverbandes als Mitgliederverband und sozialanwaltliche Interessenvertretung besteht. Unter diesem Gesichtspunkt könnten die Debatten um Strukturveränderungen unbeabsichtigte Effekte haben und zu einer Rollenklärung und Organisationsentwicklung in den Verbänden beitragen.

In der Praxis haben einige Verbände damit begonnen, sich verstärkt Gedanken über die Qualifizierung ihrer Ausschussmitglieder zu machen und beispielsweise auf überregionaler Ebene diesbezügliche Arbeitsgruppen einzurichten und Fortbildungen anzubieten. „Nur mit dem Argument der Tradition", so ein leitender Mitarbeiter eines Landesverbandes, „werden wir unsere Position in den Ausschüssen nicht halten können. Wir müssen durch die Qualität unserer Arbeit in den Ausschüssen überzeugen."

In der Diskussion um rechtliche Änderungen gibt es insofern eine Zwickmühle: Wenn einerseits rechtliche Änderungen dazu führen würden, die Rolle der Verbände in den Ausschüssen so weit zu schwächen, dass derartige Entwicklungen quasi abgewürgt würden, wäre dies sicher kein Gewinn für die Jugendhilfe. Andererseits könnte sich eine Flexibilisierung der Organisationsvorschriften als sinnvoll erweisen, um der Kreativität auf lokaler Ebene mehr Raum zu geben und die Grundlagen für die Entwicklung neuer Arbeits- und Kooperationsformen zu verbessern.

Die Veränderungsinitiativen der letzten Jahre ließen derartige Möglichkeiten durchaus offen. Die Gefahr ist jedoch nicht von der Hand zu weisen, dass gerade in Kommunen, in denen es Konflikte zwischen Kommune und freien Trägern gibt, stattdessen „einfache Lösungen" praktiziert werden: Die oben zitierten Beispiele zeigen, dass es für einige Verwaltungsvertreter attraktiv erscheint, die Verbände möglichst weit gehend aus der Gestaltung der Jugendhilfepolitik herauszudrängen. Aus der Sicht von Querschnittspolitik und -verwaltung kommt die Intention hinzu, unter dem Gesichtspunkt der Haushaltskonsolidierung ein sperriges Politikfeld stromlinienförmiger einbinden zu können. Mit einer produktiven Auseinandersetzung über Inhalte und Zukunftsperspektiven der Jugendhilfe hat dies ebenso wenig zu tun wie die den Verbänden vorgeworfene Dominanz wirtschaftlicher Eigeninteressen im Ausschuss.

Vor diesem Hintergrund ist es zwar nachvollziehbar, dass nicht nur Verbände, sondern auch viele Jugendhilfepolitiker sich an die Regelungen des KJHG klammern und jegliche Veränderungsinitiative ebenso vehement wie pauschal ablehnen. Auch dies führt jedoch nicht weiter, weil die Chancen für kreative lokale Lösungen damit eingeschränkt werden.

Ein erster Schritt müsste daher zu einer Versachlichung der Diskussion führen. Veränderungsinitiativen, die einseitig von einzelnen Akteuren in den Gesetzgebungsprozess eingebracht werden, laufen diesem Ziel zuwider. Im Vorfeld wäre eine Diskussion zwischen Vertretern aller beteiligter Akteure zu führen, bei der Interessenlagen und Zielsetzungen offen gelegt werden müssten. Nur auf diese Weise kann man zu Regelungen kommen, die auf Akzeptanz treffen. Wahrscheinlich ist es sinnvoll, rechtliche Veränderungen vorsichtig einzuführen: Denkbar wären Experimentierklauseln, die lokale Experimente ermöglichen, aber zum einen sicherstellen, dass diese tatsächlich auf neue Formen der Zusammenarbeit und nicht auf ein einfaches Herausdrängen der Verbände abzielen, und zum anderen eine Auswertung der Erfahrungen ermöglichen.

3 Kooperation zwischen Kommune und anderen Akteuren

Die Jugendhilfe verfügt über eine lange Tradition in der Zusammenarbeit zwischen Kommune und externen Akteuren. Die Jugendämter sind gesetzlich verpflichtet dafür zu sorgen, dass das erforderliche Leistungsspektrum bereit gestellt wird; sie können – und sollen es im Sinne des Subsidiaritätsprinzips – die meisten Leistungen aber auch durch Dritte wahrnehmen lassen. Betrachtet man die Ergebnisse der Fallstudien, so lassen sich zunächst sehr große lokale Unterschiede in der Quantität der Aufgabenwahrnehmung durch das Amt selbst feststellen: Es gibt Ämter, die fast alle Leistungen selbst erbringen, und Ämter, die nur ein Fallmanagement übernehmen und darüber hinaus alle Leistungen delegieren. Dabei lassen sich die Differenzen nicht mit Faktoren wie Gemeindegröße, Region oder politischen Mehrheitsverhältnissen erklären – zwei benachbarte, ähnlich strukturierte Kommunen können eine durchaus sehr unterschiedliche Situation aufweisen; offenkundig sind lokale Traditionen ausschlaggebend, die nicht durch leicht erfassbare Strukturmerkmale zu erklären sind.

Es gibt auch keineswegs, wie man im Kontext der Diskussion um die neuen Steuerungsmodelle vielleicht annehmen könnte, eine eindeutige Tendenz zu einer stärkeren Auslagerung von Leistungen. Zwar werden derartige Überlegungen in den Kommunen verstärkt diskutiert, aber bislang scheint es hier wenig Veränderungen zu geben. Zweifellos wären empirische Untersuchungen wünschenswert, die auf repräsentativer Basis entsprechende Zahlen erheben würden.

Jedenfalls ist die verstärkte Auslagerung von Leistungen keine zwangsläufige Implikation der neuen Steuerungsmodelle. Eine untersuchte Kommune, deren Ansatz einer betriebswirtschaftlich orientierten Modernisierungsstrategie (vgl. 1.1.2) zuzuordnen ist, ging im Zuge der Verwaltungsmodernisierung sogar den umgekehrten Weg: Der allgemeine Sozialdienst, der vorher bei freien Trägern angesiedelt war, wurde in kommunale Trägerschaft übernommen, da man das Fallmanagement selbst übernehmen wollte. Begründet wurde diese Kommunalisierung gerade mit der Umsetzung der neuen Steuerungsmodelle: Zwar könne und solle die Leistungserbringung delegiert werden, die Steuerungsfunktionen sollten jedoch bei der Kommune liegen.

Eine zu weit gehende Auslagerung von Aufgaben ist für die Kommune aus Steuerungsgründen problematisch: Wenn sie nicht mehr selbst Leistungserbringer ist, fehlen ihr auch Erfahrungen, um die Leistungsangebote von Dritten zu bewerten. Auch aus der Perspektive der freien Träger ist dies nicht wünschenswert: „Kommunen, die selbst Leistungen erbringen", so ein Trägervertreter, „sind kompetentere Gesprächspartner, insbesondere dann, wenn es um Fragen der Qualität geht."

War es lange Zeit nahezu selbstverständlich, dass die nicht vom Jugendamt selbst erbrachten Leistungen von Verbänden übernommen wurden, so ist in den letzten Jahren von einer Ausdifferenzierung des Akteursspektrums die Rede (Evers/Olk 1996a): Sowohl kleine, bürgerschaftliche Initiativen ohne Bindung an Verbände als auch gewerbliche Anbieter sind hinzu gekommen. Die neuen Steuerungsmodelle und die damit zusammenhängende Entwicklung von Verfahren zur Förderung des Wettbewerbs bringen zusätzlich Veränderungen für die Akteure. Beide Aspekte sollen im Folgenden diskutiert werden.

3.1 Ausdifferenzierung des Akteursspektrums?

Waren lange Zeit die Wohlfahrtsverbände die dominierenden externen Akteure in der Jugendhilfe, so wird inzwischen – zeitgleich und teilweise verknüpft mit der Entwicklung der neuen Steuerungsmodelle – von einer Ausdifferenzierung des Akteursspektrums gesprochen. In wachsendem Maße entwickeln sich Selbsthilfegruppen und andere selbst organisierte Initiativen – zu nennen sind beispielsweise die Selbstorganisation von Angeboten der Kinderbetreuung und der offenen Jugendarbeit, der Bau und die Betreuung von Spielplätzen oder die Entwicklung von Nachbarschaftsinitiativen mit unterschiedlichsten Tätigkeitsfeldern. Vielfach sind diese Gruppen bewusst in Abgrenzung zu den als bürokratische Großorganisationen wahrgenommenen Verbänden entstanden.[16] Diese Entwicklung hängt zusammen mit dem Veränderungsprozess, dem bürgerschaftliches Engagement in den letzten Jahren unterliegt: Das traditionelle, wohlfahrtsverbandlich organisierte Ehrenamt weist eher eine abnehmende Tendenz auf; demgegenüber gewinnen Formen des Engagements an Bedeutung, die an aktuellen individuellen Lebenslagen anknüpfen (Beher/Liebig/Rauschenbach 2000; MFJFG 2000; MAGS 1996; Priller/Zimmer 1997; Wendt 1996).

Darüber hinaus treten gewerblich-private Institutionen auf, die einzelne Leistungen anbieten. So stellt beispielsweise Bernd Herzig am Beispiel von Niedersachsen fest, dass Mitte der Neunzigerjahre sowohl die Anzahl der Einrichtungen für Erziehungshilfe als auch die Anzahl neuer Träger gestiegen sind (Herzig 1999: 146).

---

16 Ein großer Teil dieser Gruppen hat sich allerdings dem Deutschen Paritätischen Wohlfahrtsverband angeschlossen, um angesichts der rechtlichen Regelungen insbesondere auf dem Gebiet der Förderung die Vorteile der Mitgliedschaft in einer Dachorganisation zu nutzen.

Die Verbände befürchten, dass die Entwicklung der neuen Steuerungsmodelle zu einer stärkeren Konkurrenz durch gewerbliche Träger führen wird (Berthelmann/Niehaus 1996: 285).[17] Gerade vor dem Hintergrund der Entwicklung von Ausschreibungsverfahren und Leistungsverträgen bezieht sich eine weitere Befürchtung der (etablierten) freien Trägern darauf, dass sie zum bloßen Leistungsanbieter degradiert und nach ausschließlich ökonomischen Kriterien bewertet werden könnten: „Tendenziell scheint der freie Träger in den Status eines Erbringers von Leistungen in Delegation gedrängt zu werden, und das Verhältnis zwischen öffentlichen und freien Trägern tendiert in Richtung einer zunehmenden Hierarchisierung von Beziehungen." (Merchel 1996: 300)

Umgekehrt ist die privilegierte Rolle der Verbände, die sich die praktische Ausgestaltung des Subsidiaritätsprinzips in der Jugendhilfe ergibt, in den letzten Jahren immer wieder Gegenstand der Kritik: Einerseits unterlägen die Verbände durch die Einbindung in staatliche Planungszusammenhänge und der Abhängigkeit von Ressourcen in hohem Maße staatlicher Kontrolle, dass sie zu parastaatlichen Einrichtungen geworden und zu kritischen und innovativen Ansätzen nicht mehr fähig seien (vgl. zusammenfassend Klug 1997: 69; Zimmer 1997: 77ff.). Andererseits läge diese Situation auch im Interesse der Verbände, weil sie im Rahmen von „neokorporatistischen Wohlfahrtskartellen" (Heinze 1985: 209) den „Markt" für soziale Leistungen unter sich aufteilten und ihre Einnahmequellen sichern könnten. R. Bauer beschreibt diese Konstellation folgendermaßen: „In seinen wesentlichen Zügen ist das Verhältnis von ‚anerkennendem' Staat und ‚anerkannten' Nonprofit-Organisationen durch den Neokorporatismus-Ansatz theoretisch hinreichend und treffend beschrieben als ein herrschaftlich regulierter ‚Pakt auf Gegenseitigkeit'. Von diesem Pakt weitgehend – wenn nicht gänzlich – ausgeschlossen und deshalb in ihrer Entwicklung beeinträchtigt sind hingegen diejenigen Ansätze freiwilliger Organisationen, welche kritische, innerhalb der staatlichen Ordnung unerwünschte oder gesellschaftlich alternative Konzepte vertreten und sich nicht bereitwillig in den etablierten Institutionenrahmen ‚konzertierter Aktion' einordnen lassen." (Bauer 1997: 137)

Welche Bedeutung die „neuen" Akteure in der Jugendhilfe praktisch haben, ist allerdings umstritten. Insofern wurden die Jugendhilfeausschuss-Vorsitzenden in der schriftlichen Befragung danach gefragt, welche Bedeutung die Kooperation mit unterschiedlichen Partnern für ihr Jugendamt hat und wie sich diese Bedeutung in der Zukunft entwickeln wird.

---

17 Verstärkt werden diese Befürchtungen dadurch, dass im Zuge der europäischen Einigung das Subsidiaritätsprinzip mit seiner Sicherung der Vorrangstellung freier Träger aus wettbewerbsrechtlichen Gründen in Frage gestellt wird. Vor allem aber ist in einigen sozialpolitisch relevanten Bereichen die Entwicklung einer starken privaten Konkurrenz bereits im Gange. Insbesondere gilt dies, gefördert durch die Regelungen der Pflegeversicherung, auf dem Gebiet der Pflege, wo private Pflegedienste mit den Verbänden um Marktanteile kämpfen.

Abbildung 1:

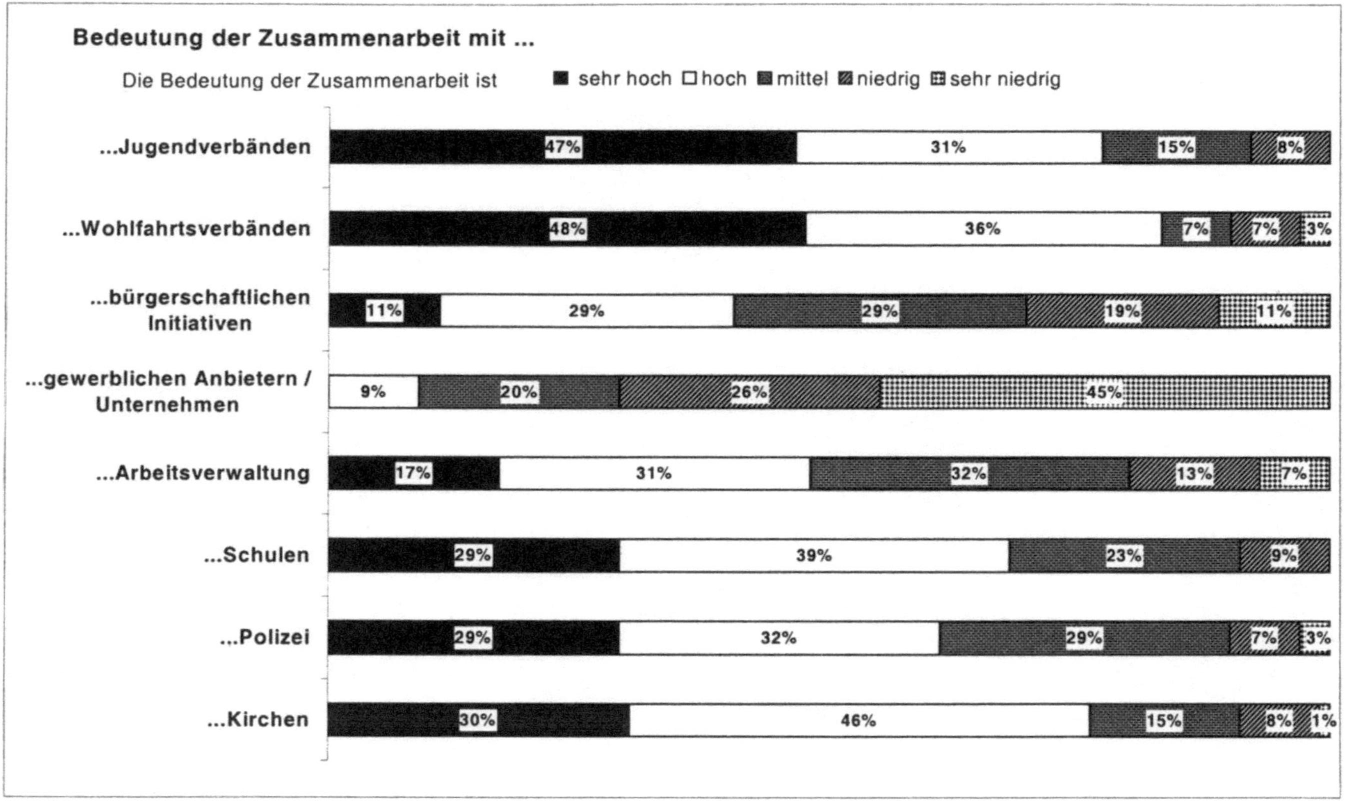

Bedeutung der Zusammenarbeit mit ...

Die Bedeutung der Zusammenarbeit ist

Legend: ■ sehr hoch □ hoch ▨ mittel ▨ niedrig ⊞ sehr niedrig

...Jugendverbänden: 47% / 31% / 15% / 8%

...Wohlfahrtsverbänden: 48% / 36% / 7% / 7% / 3%

...bürgerschaftlichen Initiativen: 11% / 29% / 29% / 19% / 11%

...gewerblichen Anbietern / Unternehmen: 9% / 20% / 26% / 45%

...Arbeitsverwaltung: 17% / 31% / 32% / 13% / 7%

...Schulen: 29% / 39% / 23% / 9%

...Polizei: 29% / 32% / 29% / 7% / 3%

...Kirchen: 30% / 46% / 15% / 8% / 1%

71

Dabei zeigt sich, dass von den abgefragten Partnern die gewerblichen Leistungsanbieter und Unternehmen den mit Abstand geringsten Stellenwert haben (Abbildung 1). Nur 9% der Befragten messen ihr eine hohe Bedeutung zu; eine sehr hohe Bedeutung sieht niemand; der Mittelwert[18] liegt bei 1,9. An erster Stellen stehen die Wohlfahrtsverbände (Mittelwert 4,2), gefolgt von den Jugendverbänden (4,2) und den Kirchen (3,9). Es folgen Institutionen, die Vertreter mit beratender Stimme in den Jugendhilfeausschuss entsenden (Schulen 3,9, Polizei 3,8, Arbeitsverwaltung 3,4). Bürgerschaftliche Initiativen erreichen einen Wert von 3,1.

Wenn es darum geht, wie die Befragten die Entwicklung der Bedeutung der Zusammenarbeit mit verschiedenen Partnern einschätzen, so ist zunächst festzustellen, dass der Kooperation generell ein steigender Stellenwert zugemessen wird (Abbildung 2): In bezug auf alle Partner gibt es eine – mehr oder weniger deutliche – Mehrheit, die eine steigende Bedeutung der Zusammenarbeit prognostiziert: An erster Stelle stehen hier die Schulen: 78% gehen hier von einer wachsenden Bedeutung aus (Mittelwert: 4,1) – ein Indikator dafür, dass die Koordinierung zwischen Jugendhilfe und Schule ein aktuelles Thema ist. Dass die Polizei (Mittelwert 3,8) an zweiter Stelle steht, hängt wahrscheinlich mit der Debatte um Jugendgewalt zusammen.

Bürgerschaftlichen Initiativen wird ebenfalls sehr häufig eine steigende Bedeutung vorausgesagt (3,6). Es folgen die Arbeitsverwaltung (3,6), die Wohlfahrtsverbände (3,5), die Kirchen (3,5) und die Jugendverbände (3,5). Die hohen Werte für die drei letzteren zeigen, dass aus Sicht der Ausschussvorsitzenden die steigende Bedeutung der Zusammenarbeit mit bürgerschaftlichen Initiativen keineswegs auf Kosten der traditionellen Partner geht. Gewerbliche Anbieter und Unternehmen stehen auch im Hinblick auf die künftige Entwicklung mit Abstand an letzter Stelle (3,2).

---

18 Um einen differenzierten Eindruck zu gewinnen, hatten die Befragten die Möglichkeit, auf einer 5er-Skala verschiedene abgestufte Bewertungen abzugeben. Als Antworten standen zur Verfügung „sehr hoch", „hoch", „mittel", „niedrig" und „sehr niedrig". Für die Auswertung wurde die Kategorie „sehr niedrig" mit einem Punkt versehen, die Kategorie „niedrig" mit zwei, die Kategorie „mittel" mit drei, die Kategorie „hoch" mit vier und die Kategorie „sehr hoch" mit fünf Punkten. Auf dieser Grundlage wurden Mittelwerte berechnet, die einen Überblick über die durchschnittliche Bewertung erlauben: Ein Mittelwert, der über 3,0 liegt, zeigt also bei dieser Frage, dass die Bedeutung der Zusammenarbeit eher hoch eingeschätzt wird, ein Mittelwert unter 3,0 eine eher geringe Einschätzung. Auf diese Weise wurde auch bei in Abbildung 2 dargestellten Frage verfahren.

Abbildung 2:

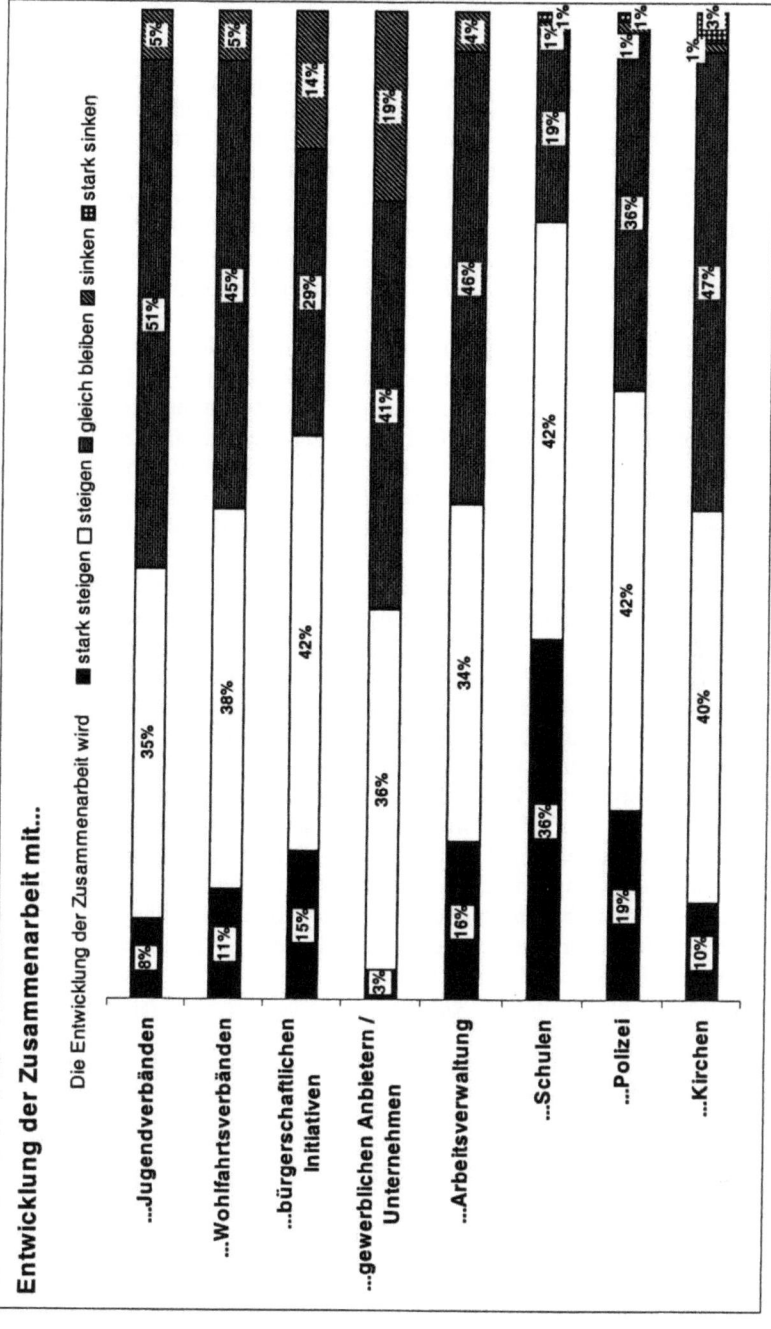

Entwicklung der Zusammenarbeit mit...

Die Entwicklung der Zusammenarbeit wird ■ stark steigen □ steigen ■ gleich bleiben ▨ sinken ▦ stark sinken

	stark steigen	steigen	gleich bleiben	sinken	stark sinken
...Jugendverbänden	8%	35%	51%	5%	
...Wohlfahrtsverbänden	11%	38%	45%	5%	
...bürgerschaftlichen Initiativen	15%	42%	29%	14%	
...gewerblichen Anbietern / Unternehmen	3%	36%	41%	19%	
...Arbeitsverwaltung	16%	34%	46%	4%	
...Schulen	36%	42%	19%	1%	1%
...Polizei	19%	42%	36%	1%	1%
...Kirchen	10%	40%	47%	1%	3%

Insgesamt ist das Spektrum der Kooperationspartner relativ stabil: Mehrere neue Kooperationspartner und Leistungsanbieter sind in den letzten drei Jahren nur in 18% der nordrhein-westfälischen Jugendämter hinzugekommen, in den meisten Fällen (60%) war dies nur vereinzelt der Fall, in 22% überhaupt nicht. Bemühungen um die Gewinnung neuer Partner finden allerdings statt: 11% bezeichnen diese Bemühungen in ihrem Amt als sehr stark, 38% als stark; 22% vergeben einen mittleren Wert; 20% sehen wenige und 9% keine Bemühungen. Bei beiden Fragen gibt es einen relativ hohen Anteil an Vorsitzenden, die keine Angaben machen: 13% der Befragten insgesamt ist nicht bekannt, ob es neue Partner gibt; 15% können die Bemühungen nicht einschätzen.

Fast ein Drittel der befragten Ausschussvorsitzenden steht einer Erweiterung des Spektrums der Kooperationspartner skeptisch gegenüber und meint, die Jugendämter sollten sich auf die bewährte Zusammenarbeit mit Wohlfahrtsverbänden konzentrieren. Gut ein Drittel vertritt eine mittlere Auffassung, ein weiteres Drittel lehnt diese Aussage ausdrücklich ab. Bestrebungen zum Festhalten an gewachsenen Strukturen sind somit recht weit verbreitet.

Dies heißt allerdings nicht, dass die Befragten die Verbände unkritisch betrachten würden: Immerhin 61% der Befragten finden, dass die Verbände ihre Strukturen verändern müssen, wenn sie weiterhin in der Jugendhilfe eine wesentliche Rolle spielen wollen; dezidiert abgelehnt wird diese Feststellung nur von 11%. Auch gehen die Ausschussvorsitzenden mehrheitlich von einer veränderten Rolle der Wohlfahrtsverbände aus: 68% der Befragten meinen, dass die Wohlfahrtsverbände immer weniger als gesellschaftliche Kraft, sondern in erster Linie als Leistungserbringer wahrgenommen werden; nur 16% sind gegenteiliger Auffassung.

Die Auswertung der Fallstudien bestätigt das Bild. Nicht vom Amt selbst wahrgenommene Aufgaben werden nach wie vor vorrangig durch freigemeinnützige, in der Regel verbandliche Träger durchgeführt. Die viel diskutierte, eingangs angesprochene Ausdifferenzierung des Akteursspektrums spielt in der Praxis bislang nur eine geringe Rolle. Dies hängt nicht zuletzt mit der Tendenz der meisten Ämter zusammen, an bewährten Strukturen festzuhalten. Betont wird vielfach, dass Vertrauen wichtig ist. Insofern gibt es nur in wenigen Kommunen gezielte Versuche, das Trägerspektrum zu verbreitern.

Da sich die Diskussion und die Entwicklung im Hinblick auf bürgerschaftliche Initiativen einerseits und gewerbliche Akteure andererseits unterschiedlich darstellen, werden beide Bereiche im Folgenden getrennt näher betrachtet.

3.1.1 Bürgerschaftliches Engagement in der Jugendhilfe

Mit der Entwicklung der neuen Steuerungsmodelle wurde die Anforderung formuliert, die Kommune müsse sich „von der Behörde zum Dienstleistungsunternehmen" (Banner 1991) entwickeln. Damit rückte die Sichtweise vom Bürger als „Kunde", als „Verbraucher" kommunaler Dienstleistungen, in den Mittelpunkt.[19] Bürgerbeteiligung ist in diesem Kontext insofern ein Thema, als der Bürger als „Leistungsverstärker" (KGSt 1995: 11) betrachtet wird, der Druck auf die Reform der Verwaltung ausübt, indem er qualitativ hochwertige Dienstleistungen einfordert. Eine aktive Rolle des Bürgers ist allerdings mit dieser Sichtweise nicht verbunden: „Der Kunde ist vorrangig Konsument von Dienstleistungen, eher passiv und auf Bedürfnisbefriedigung aus. Er tritt der Verwaltung als Anbieterin von Dienstleistungen mit einer Anspruchshaltung gegenüber." (Bogumil/Kißler 1996: 185)

Seit Ende der Neunzigerjahre ist eine Erweiterung der Diskussion zu verzeichnen, indem die Entwicklung „von der Ordnungskommune zur Dienstleistungs- und Bürgerkommune" (Banner 1998; vgl. auch v. Trott zu Solz 1998) postuliert wird. So hat beispielsweise die KGSt diesen Aspekt in ihrem Bericht zum Verhältnis zwischen Politik und Verwaltung (KGSt 1996) aufgegriffen und betont, dass Reformen, die sich nur auf das Binnenverhältnis zwischen Politik und Verwaltung beziehen, zu kurz greifen würden (KGSt 1996: 36). Die Bertelsmann Stiftung hat im Jahre 1998 einen Wettbewerb „Bürgerorientierte Kommune" ins Leben gerufen, zu dessen Eröffnung Harald Plamper, damals Vorsitzender der KGSt, die „Bürgerkommune" ausdrücklich als Weiterentwicklung der „Dienstleistungskommune" bezeichnet (Plamper 1998: 12f.). Die Förderung von bürgerschaftlichem Engagement tritt damit verstärkt in den Mittelpunkt kommunaler Politik.[20]

In der Befragung der nordrhein-westfälischen Jugendhilfeausschuss-Vorsitzenden geben 86% der Befragten an, dass es in ihrer Kommune in der Jugendhilfe Projekte gibt, die ganz oder weitgehend von ehrenamtlichem Engagement getragen werden. Beispielhaft genannt werden in diesem Zusammenhang vor allem Maßnahmen der Jugendarbeit (zum Beispiel Betreuung von Jugendheimen oder Stadtteiltreffs), Ferienspiele und Erholungsmaßnahmen sowie von Elterngruppen getragene Kindergärten. Darüber hinaus gibt es zahlreiche Arbeitsfelder, die vereinzelt angesprochen werden: Tagesmütterprojekt, Verein der Pflege- und Adoptionseltern, Spielgruppen Frauen- und Familientreff(en), FUMA – Frauen unterstützen Mädchenarbeit, Netzwerk – Gewalt in der Familie, spezielle Arbeit mit jugendlichen Spätaus-

---

19 Insofern knüpfte die Debatte – wenn auch zumeist nicht explizit – an die in den siebziger und Achtzigerjahren geführte Diskussion um Bürgernähe in der Verwaltung (Grunow 1988, Hegner 1978, Kaufmann 1979) an, in welcher die Bürger als Adressaten von Leistungen ins Blickfeld genommen und konzeptionelle Vorstellungen für die Verbesserung der Leistungserbringung entwickelt wurden.

20 vgl. auch die Themenschwerpunkte für das von Bertelsmann Stiftung, Hans Böckler Stiftung und KGSt getragene Netzwerk „Kommunen der Zukunft" (Mezger 1989). Auch die Anzahl der Sammelbände zum Thema „Bürgerschaftliches Engagement" wächst (vgl. bspw. von Alemann/Heinze/Wehrhöfer 1999; Kistler/Noll/Priller 1999; Heinze/Olk 2001 oder das Schwerpunktthema in „Die Mitbestimmung" von November 1998: „Akteurinnen und Akteure in der Bürgerkommune".

siedlern; Beratung und Begleitung bei Trennungsintention der Eltern, Tanz-
partys, Suchtprävention, Spielplatzpatenschaften (Unterhaltung städtischer
Spielplätze), Konfliktmoderatoren zwischen Jugendlichen und Erwachsenen,
Projekte im Sportbereich, schulische Betreuung, Spielplatzplanung, Schüler-
verkehrssicherung, Hausaufgabenhilfe, Betreuung „über Mittag", Basketball-
Nacht, Spielstube und die Schulaufgabenbetreuung von Asylbewerber-
Kindern und Kindern im Obdach, Schülertreffs. Vielfach betonen die Befragten dabei, dass es sich bei ihren Nennungen um Beispiele aus einem
breiten Spektrum von Angeboten handelt.

Die meisten Befragten bewerten bürgerschaftliche Initiativen sehr positiv: 58% sind der Auffassung, dass sie mehr Flexibilität in die „Jugendhilfelandschaft" bringen. Dass aber bürgerschaftliche Initiativen immer mehr
die traditionellen Aufgaben der Wohlfahrtsverbände übernehmen werden,
glauben nur 16%; mehr als zwei Drittel sind der gegenteiligen Meinung.
Dementsprechend sehen auch nur 18% der Befragten eine starke Konkurrenz
zwischen Wohlfahrts- und Jugendverbänden einerseits und bürgerschaftlichen Initiativen außerhalb der Verbände andererseits; fast zwei Drittel meinen, eine solche Konkurrenz sei kaum (25%) oder gar nicht (37%) vorhan-
den; jeder fünfte nimmt eine mittlere Position ein. Dies hängt zweifellos damit zusammen, dass die Wohlfahrts- und Jugendverbände nach wie vor eine
sehr hohe Bedeutung in der Jugendhilfe haben, wie auch einige der weiter
oben dargestellten Befragungsergebnisse zeigen. Ihre Position ist nach wie
vor so stark, dass andere Anbieter nicht als Konkurrenz angesehen werden.

Dieses Bild bestätigt sich in der Auswertung der Interviews in den Fallstudien. Eine Konkurrenz wird hier von 25% der Befragten gesehen, wobei etwa
die Hälfte davon diese Aussage wieder einschränkt – etwa dahingehend, dass es
nur in Teilbereichen Konkurrenz gebe, dass die Konkurrenz sich vor allem auf
knappe finanzielle Mittel, nicht aber auf Inhalte beziehe oder dass es neben der
Konkurrenz auch eine Unterstützung der Initiativen durch die Verbände gebe.
Die Mehrheit sieht Initiativen und Verbände als komplementär an.

In der verstärkten Förderung von bürgerschaftlichem Engagement sehen
82% der Interviewpartner Zukunftsperspektiven für die Jugendhilfe. Die übrigen 18% stehen dem aus unterschiedlichen Gründen zwar nicht unbedingt
ablehnend, aber doch skeptisch gegenüber: Einige begründen die Skepsis
damit, dass sie in der Bevölkerung nur wenig Engagementbereitschaft sehen
oder dass das Engagement in der eigenen Kommune bereits so hoch ist, dass
eine Steigerung nicht denkbar ist: „Sie können aus einem hunderprozentigen
Katholiken keinen hundertfünfzigprozentigen machen", so ein Interviewpartner aus einer ländlichen Kommune, die sich nach Aussage aller Beteiligter
durch ein hohes Maß an bürgerschaftlichem Engagement auszeichnet.

Empirische Untersuchungen stehen diesen Vermutungen eher entgegen.
Im Hinblick auf den quantitativen Stellenwert dieses Engagements kommen
die meisten Umfragen zu eher optimistischen Schlussfolgerungen: Von einem generellen Rückgang der Bereitschaft zum Engagement kann keine Rede sein. Zahlen über die quantitative Bedeutung freiwilligen Engagements

wurden 1999 umfassend und repräsentativ in der vom Bundesministerium für Familie, Senioren, Frauen und Jugend geförderten Untersuchung „Freiwilligen-survey – Ehrenamt, Freiwilligenarbeit und bürgerschaftliches Engagement" ermittelt (vgl. BMFSFJ 1999a).[21] Den Ergebnissen der Befragung zufolge sind 34% der deutschen Wohnbevölkerung über 14 Jahre freiwillig engagiert (BMFSFJ 1999a: 17).[22]

Darüber hinaus gibt es ein beachtliches Engagementpotenzial: Betrachtet man die Nicht-Engagierten, die in jedem Fall oder vielleicht an einem zu-künftigen Engagement interessiert sind, und die Engagierten, die sich eine Ausweitung vorstellen können, so ergibt sich ein Anteil von 39% der Be-fragten, die für ein zusätzliches freiwilliges Engagement in Frage kommen (vgl. Tabelle 1). Ein Potenzial, das durch die Förderung von Engagement er-reicht werden kann, dürfte also bestehen.

Tabelle 1: Engagementpotenzial

Nicht-Engagierte gesamt (66%) Zukünftig an Engagement interessiert?		Engagierte gesamt (34%) Ausweitung des Engagements möglich?	
Ja	11%	Ja	12%
Vielleicht	16%		
Nein	39%	Nein	22%

(nach: BMFSFJ 1999a: 25)

Andere Befragte haben eher inhaltlich motivierte Bedenken. Befürchtet werden zum Beispiel eine drohende Zersplitterung der Jugendhilfelandschaft durch zu viele kleine Anbieter, eine mangelnde Qualität und Kontinuität der Leistungen, weil Ehrenamtlichen die Professionalität fehlt, und eine Verdrängung profes-sioneller Anbieter. Letzteres hängt mit der Vermutung zusammen, dass die Kommune aus Kostengründen versucht sein könnten, bisher kommunal finan-zierte Leistungen durch ehrenamtliches Engagement zu ersetzen.

---

21 Die Befragten wurden zunächst gefragt, ob sie sich in 15 vorgegebenen Bereichen außerhalb von Familie und Beruf „in einem Verein, einer Initiative, einem Projekt oder einer Selbsthilfegruppe (...) aktiv beteiligen". Wurde dies für mindestens einen Aktivitätsbereich bejaht, wurden die Befragten der Gruppe der „Aktiven" zugeord-net. Die Befragten, die darüber hinaus konkrete Aufgaben und Arbeiten angaben, wurden als „freiwillig Engagierte" bezeichnet. Neben den 34%, die demnach als „engagiert" gelten, sind 32% zwar aktiv, aber nicht freiwillig engagiert, während 34% in keiner Weise aktiv sind – insgesamt also etwa eine Drittelung.

22 In der Diskussion werden diese Zahlen teilweise als zu hoch gegriffen bezeichnet (vgl. bspw. Leif 2001). Nun ist es zweifellos methodisch schwierig, über Umfragen zu exakten Zahlen über den Umfang des Engagements zu kommen. Ein gemeinsa-mes Ergebnis von allen Untersuchungen zu dieser Thematik besteht jedenfalls darin, dass der Rückgang des traditionellen Engagements in Verbänden nicht gleichzuset-zen ist mit einem Rückgang des Engagements insgesamt und dass ein beachtliches Engagement-Potenzial besteht. Insofern sollte weniger um die genaue Zahl der En-gagierten gestritten werden. Die Notwendigkeit besteht darin innovative Konzepte aufzuzeigen, wie die vorhandenen Potenziale ausgeschöpft werden können.

Diese Diskussion um die Förderung von bürgerschaftlichem Engagement erinnert in Teilen an die Kontroversen, die entstanden, als sich im Laufe der Achtzigerjahre die Förderung der Selbsthilfe entwickelte: „Die finanzielle Unterstützung von Selbsthilfeaktivitäten war zunächst keineswegs unumstritten und stieß auf z. T. heftige Kritik: Befürchtungen einer drohenden Instrumentalisierung der Selbsthilfe zur Entlastung des Sozialetats mit der Konsequenz einer möglicherweise folgenreichen Reprivatisierung sozialer Risiken durch den Abbau gesundheitlicher und sozialer Versorgungsleistungen standen neben Vorwürfen einer Korrumpierung des Selbsthilfegedankens bzw. einer Gefährdung der Autonomie der Selbsthilfe(-gruppen) gegenüber Staat und Expertensystemen." (Beher/Liebig/Rauschenbach 2000: 275f.) Derartige Bedenken spielen inzwischen in der Diskussion praktisch keine Rolle mehr: Die Sinnhaftigkeit sowohl der Selbsthilfe als auch ihrer Förderung sind inzwischen allgemein anerkannt. Eine ähnliche Entwicklung ist im Hinblick auf bürgerschaftliches Engagement zu vermuten. Auch hier wird zunehmend offensichtlich werden, dass freiwilliges Engagement professionelles Handeln, gerade in komplexer werdenden sozialen Problemlagen, nicht ersetzen, wohl aber neue Handlungsmöglichkeiten erschließen kann – und dass dafür eine unterstützende Infrastruktur erforderlich ist.

Die rein normative Forderung nach „mehr" bürgerschaftlichem Engagement greift nämlich zu kurz. Zwar zeigt sich, dass einige Initiativen „aus sich selbst heraus entstanden sind". Diese Initiativen entstehen aber vielmehr auf einen konkreten Problemdruck hin und basieren häufig auf einem egoistisch motivierten Kalkül (bspw. Spielplatzinitiative von jungen Eltern). Solche Initiativen bereichern das Gemeinwesen ebenfalls und sollten auch entsprechende Unterstützung erfahren. Jedoch ist der Umgang mit dem „neuen" Ehrenamt nach wie vor ambivalent – sowohl auf Seiten von Politik und Verwaltung als auch bei den Betroffenen selbst. Die Sichtweise, dass ehrenamtliches Engagement Einsatz für andere bedeutet und damit in diametralem Gegensatz zu egoistischer Motivation steht, scheint gesellschaftlich immer noch so fest verhaftet zu sein, dass aktive Bürger sich nicht selten scheuen, Eigeninteressen offen zu legen, und in Politik und Verwaltung die Förderung derartiger Initiativen problematisiert wird. Eine offensive Strategie, die gezielt nach mobilisierbaren Individualinteressen suchen würde, lässt sich auf der Basis einer derart ambivalenten Haltung schlecht entwickeln; eine eindeutige politische Anerkennung eines solchen Ansatzes wäre eine wichtige Voraussetzung für die Ausweitung von freiwilligem Engagement.

In vielen der befragten Kommunen wird bürgerschaftliches Engagement durch unterschiedliche Einzelmaßnahmen gefördert. Neben Ehrungen – zumeist in Geldform –, die einzelne Bürger bzw. Initiativen punktuell hervorheben, erfreuen sich sog. Freiwilligenagenturen einer zunehmenden Beliebtheit. Freiwilligenagenturen informieren und beraten interessierte Bürger und vermitteln ein entsprechend geeignetes Ehrenamt. Freiwilligenagenturen fördern insofern bürgerschaftliches Engagement nachhaltig und bieten eine geeignete Infrastruktur für engagierte Bürger. Bisher wurden die meisten Freiwilligenagenturen vor allem durch die Wohlfahrtsverbände angeregt; allerdings ist zurzeit ein kleiner Boom von verbandsunabhängigen Neugründungen festzustellen. Bei der Angliederung an einen Verband besteht die Gefahr, dass (wohlfahrts-)verbandspolitische Interessen – statt themenbezogene Interessen – bei der Vermittlung und Beratung der Freiwilligen im Vordergrund stehen. Wie Erfahrungen von ausländischen Freiwilligenagenturen zeigen, ist deren Erfolg vor allem darauf zurückzuführen, weil es gelungen ist die Verbände davon zu überzeugen, bei der Vermittlungstätigkeit ihre Interessen zu Gunsten der Themenorientierung in den Hintergrund stellen (Dekker 2001).

Viele der Befragten sind der Auffassung, dass gerade im Jugendbereich noch Potenziale für bürgerschaftliche Initiativen, aber auch für individuelle Personen brachliegen – nicht zuletzt auch bei den Jugendlichen selbst. Allerdings bedürfe es – gerade bei den Jugendlichen – einer entsprechenden Aktivierung durch Impulse. Grundsätzlich geht man davon aus, dass Jugendliche sich auch engagieren möchten, ihnen aber häufig die Idee zur Umsetzung fehle. Deshalb komme es darauf an, entsprechende Initiativen von öffentlicher Seite zu starten. Diese Initiativen dürften aber nicht dirigistisch sein, da Jugendliche zumeist ziemlich genau wüssten, in welchem Bereich sie sich engagieren wollen. Die Leistung der öffentlichen Seite dürfe insofern nicht über eine Impulsfunktion hinaus gehen. Bspw. formulierten Jugendliche eines Jugendklubs in einer Kommune den Wunsch, anderen Beschäftigungen als Freizeitspielen nachzugehen. Daraufhin wurde vom Jugendamt eine Initiative angestoßen, die Jugendlichen ein Engagement in Alteneinrichtungen ermöglicht. So haben Jugendliche Nachmittage für Senioren gestaltet, sind mit ihnen spazieren gegangen etc. Letztlich ist diese Initiative ein voller Erfolg. Deutlich wird daran, dass das Engagement der Jugendlichen ohne Begleitung und Beratung nicht möglich gewesen wäre. So hat sich der Initiativwunsch der Jugendlichen in einer öffentlichen Einrichtung herauskristallisiert und die Umsetzung – wie bspw. die Herstellung der Kooperation mit einem Altenheim – wurde durch entsprechende Begleitmaßnahmen flankiert. „Die Jugendlichen sind nicht weniger aktiv, wir Erwachsene sind einfach in unseren Denkstrukturen zu festgefahren, um die Potenziale der Jugendlichen zu erkennen", bringt ein Befragter die Situation auf den Punkt.[23] Die Heraus-

---

23 Dass diese subjektive Einschätzung richtig ist, wird durch eine aktuelle Studie des Max-Planck-Instituts für Bildungsforschung, Berlin belegt. Nach dieser international vergleichend angelegten Studie ist die Bereitschaft zu sozial engagiertem Handeln bei Jugendlichen allgemein groß. Demnach würden 67% der befragten Jugendlichen Zeit aufwenden, um armen oder älteren Menschen zu helfen, 54% Geld für einen guten Zweck sammeln und 41% Unterschriften für einen offenen Brief sammeln. Aber nur 15% der Jugendlichen würden für ein politisches Amt im Ort kandidieren und gar nur 10% in eine politische Partei eintreten. (Oesterreich 2001:16) Auch andere Studien kommen zu dem Schluss, dass „die Engagementbereitschaft noch erheblich größer ist als das tatsächliche Engagement". (Perabo 2001:399 mit Verweis auf Klages/Gensicke 1997)

forderung dürfte zukünftig also vor allem darin liegen, passgenaue Maßnahmen zur (Weiter-) Entwicklung von jugendlichem Engagement auszuloten.

Einzelne Kommunen haben damit begonnen, umfassende Strategien zur Förderung von Engagement zu entwickeln. Dabei werden oft Arbeiten der Jugendhilfe, die auf einer Sozialraumorientierung basieren, in die Förderung integriert. Ein interessantes Projekt lässt sich in einer ostdeutschen Kommune aufzeigen (siehe Kasten).

Das Projekt „Gemeinwesenarbeit"

Ziel des Projektes „Gemeinwesenarbeit" ist es, bürgerschaftliches Engagement nachhaltig zu unterstützen, wozu ein Initiativfonds über € 50.000,-- gebildet wurde. Das Jugendamt hat den Prozess des Projektes „Gemeinwesenarbeit" initiiert und bewusst in die jugendhilfespezifische Sozialraumorientierung und in den Prozess der Lokalen Agenda 21 integriert. Über Postwurfsendungen und Rundschreiben wurden Bürger aufgerufen, sich an den Arbeitsgruppen „vor Ort" zu beteiligen. Zwischenzeitlich engagieren sich über 400 Personen in einer der 18 Arbeitsgruppen. Die Arbeitsgruppen agieren im Sinne eines fachlichen Ausschusses als Beirat für Bürger, nehmen Anregungen auf, tauschen Informationen aus und unterstützten kommunale Aktivitäten ihres Wohngebietes. Die Arbeitsgruppen sind für alle interessierte Bürger offen. An den Arbeitsgruppen beteiligen sich zudem Mitarbeiter der Stadtverwaltung und 60% der Mitglieder des Stadtrates fraktionsübergreifend. Darüber hinaus engagieren sich Vertreter von Einrichtungen und Institutionen der regionalen sozialen Infrastruktur, wie Polizei, Kindertageseinrichtungen, Schulen, Altenheime, Wohnungsbaugesellschaften etc. in den Arbeitsgruppen. Das Geld aus dem Initiativfonds steht für kreative Projekte aus der Bürgerschaft zur Verfügung, wobei folgende Kriterien zur Förderung anstehen:
– Jeder, der eine Idee hat kann einen Antrag bis max. € 2.750,-- stellen
– Keine Vollfinanzierung des Projektes
– Ggf. die Einbeziehung der Arbeitsgruppe vor Ort

Das Projekt „Gemeinwesenarbeit" wird von den befragten Politikern überaus positiv eingeschätzt. Bei dem Engagement sehe man sich primär nicht als Politiker, sondern vielmehr als Bürger. Die Trennung zwischen politischem Mandat und dem Engagement in einer Arbeitsgruppe sei aber nicht gänzlich möglich. So greife man Ideen und Anregungen aus den Arbeitsgruppen auf, um sie dann „auf der politischen Schiene durchzubekommen". Darüber hinaus werden in den Arbeitsgruppen Trends gebündelt, die dann auch in die eigenen Entscheidungen mit einfließen. Auch werden in den Arbeitsgruppen häufig Anliegen an die Politiker herangetragen – bis hin zur Antragstellung im Stadtrat für bestimmte Projekte. Viele sehen den direkten Kontakt mit den Bürgern in den Arbeitsgruppen als eine wichtige Erfahrung „vor Ort" und als ein maßgeblicher Zugang zum Bürger. Als Risiko wird angesehen, dass zu viele Hoffnungen in den Arbeitsgruppen geweckt werden. Hier gelte es dann als Politiker die Grenzen darzulegen, weil Ideen aus rechtlichen oder finanziellen Gründen nicht umsetzbar sind. Darüber hinaus dürfe man die Arbeitsgruppen nicht „zu lange an die Hand nehmen". Ziel des Projektes sei es schließlich, Anregungen zu geben und Impulse zu setzen, dann aber auf Eigenkräfte zu setzen. Alles in allem hätten die Arbeitsgruppen aber bereits vieles in Gang gesetzt, und man schätzt die Zukunft der Arbeitsgruppen als sehr positiv ein.

Wesentlich für die Förderung von Engagement ist die Verwaltungskultur. Bürgergruppen galten lange Zeit in Verwaltungen eher als lästig, und es war keineswegs immer erwünscht, dass Verwaltungsmitarbeiter sich für die Unterstützung solcher Gruppen engagierten. Ein Wandlungsprozess ist hier zweifellos im Gange, jedoch muss dieser sicher in vielen Fällen noch offensiver betrieben werden, etwa durch die Erarbeitung von Leitbildern, in denen die einzelnen Ämter nach innen und außen eine entsprechende Orientierung verdeutlichen würden.

In der Befragung der nordrhein-westfälischen Ausschussvorsitzenden bewerten diese die Haltung der Verwaltung zum bürgerschaftlichen Engagement mehrheitlich positiv: 62% meinen, dass die Verwaltung ihres Jugendamtes bürgerschaftliches Engagement unterstützt; 27% schreiben ihr eine neutrale Position zu; nur 11% finden, dass die Verwaltung Engagement behindert. Drei Befragte sprechen in diesem Zusammenhang die problematische Finanzlage der Kommunen an („Haushaltssicherungskonzept"). Vier Befragte nennen persönliche Faktoren („Leiter des Jugendamtes wenig bürgerfreundlich, Bemühungen der MitarbeiterInnen, speziell der Stadtjugendpflege, werden dadurch torpediert"; „Das hat etwas mit ‚menschlichem Fingerspitzengefühl' zu tun. Das hat man oder auch nicht, da muss Politik oft viel wieder glätten!"); des Weiteren werden von zwei Befragten Aspekte der Verwaltungskultur angesprochen („veraltetes Hierarchiedenken", „Initiativen werden als Konkurrenz betrachtet"). Ein Befragter kritisiert die „wenig ausgeprägte Öffentlichkeitsarbeit". Mit acht Nennungen beziehen sich die meisten Aussagen auf Probleme in der Verwaltungsstruktur („fehlende Ausweisung von Ansprechpartnern"; „Ämter arbeiten aneinander vorbei"; „keine zuständigen Entscheidungsträger", „keine Vernetzung bzw. zentrale Anlaufstelle").

Auch hier ergeben die Interviews in den Fallstudien ein ähnliches Bild. Hier wurde die Frage diskutiert, ob es in der Kommune Strukturen gibt, die bürgerschaftliches Engagement behindern. 65% der Interviewpartner verneinen dies, 4% machen keine Aussage, 31% sehen Behinderungen. Diese werden allerdings nur teilweise in der Verwaltung verortet; die diesbezüglichen Aussagen entsprechen etwa denen in der schriftlichen Befragung. Darüber hinaus werden zahlreiche weitere Aspekte genannt: In Großstädten, aber auch in Kommunen, die im Zuge der Gebietsreformen eher „künstlich" entstanden sind, wird von einigen Befragten eine mangelnde Identifikation der Bürger mit ihrer Kommune angeführt. Nicht selten wird auch der Politik eine Verantwortung zugeschrieben: Bürger seien durch die zur Schau getragene „Allwissenheit" der Politik entmutigt; die Politik habe „zu wenig Bodenhaftung"; der durch langjährig stabile Mehrheitsverhältnisse entstandene „Filz" führe zu einer „Es-ändert-sich-ja-doch-nichts-Haltung"; Politiker würden „Runde Tische" zu sehr dominieren und die Bürger „abblocken"; der Rat würde „auf Grund von politischen Spielereien" sinnvolle Initiativen der Bürger „abwürgen"; der Bürgermeister mache „durch sein Autokratentum alles platt". Nicht nur auf Seiten der Verwaltung, sondern auch auf Seiten der Politik ist also ein Kulturwandel im Hinblick auf bürgerschaftliches Engagement gefragt.

Im Kontext der Beziehungen zwischen Politik und bürgerschaftlichen Initiativen stellt sich auch die Frage nach der Einbeziehung dieser Gruppen in den Jugendhilfeausschuss. Die Plätze im Jugendhilfeausschuss sind in den meisten Kommunen ausschließlich durch Vertreter der Verbände besetzt, obwohl es rechtlich durchaus möglich wäre, auch andere Gruppierungen einzubeziehen. Bei aller Befürwortung des Engagements sind von den im Rahmen der 15 Fallstudien befragten Ausschussmitglieder nur 19% uneingeschränkt der Meinung, es sei sinnvoll, Vertreter von Initiativen verstärkt in den Ausschuss einzubeziehen. 26% vertreten die Auffassung, dies sei schon allein deshalb nicht gut, weil der Ausschuss durch eine wachsende Größe an Arbeitsfähigkeit verlieren würde. Hinter dieser Aussage steckt implizit die Auffassung, dass die Mitgliedschaft von Initiativen nur zusätzlich, nicht an Stelle von Verbandsvertretern erfolgen könnte. Von einigen Mitgliedern wird dies auch explizit so formuliert: Man müsse in erster Linie die größten, quantitativ bedeutsamsten Akteure berücksichtigen; man könne „doch nicht einen großen Verband verprellen, um eine kleine Initiative einzubeziehen".

Einige Befragte haben darüber hinaus inhaltliche Bedenken: Befürchtet wird von einigen eine zu starke Gewichtung von Partikularinteressen: „Die Mitgliedschaft von Initiativen im Ausschuss könnte die Politik zu einem bequemen schnellen ‚Ja' zu ihren Forderungen drängen", so ein Interviewpartner. Andere sind der Meinung, dass engagierte Bürger durch die Gremienarbeit überlastet würden, diese nicht ihren Interessen entspricht und die Arbeitsstrukturen des Ausschusses ihn für Bürger uninteressant machen.

All dies bedeutet jedoch nicht, dass die Ausschussmitglieder die Initiativen aus dem Ausschuss heraushalten möchten. Ein breiter Konsens besteht darüber, dass diese Gruppen punktuell, das heißt, zu ihrer jeweiligen Themenstellung, stärker einbezogen werden und in diesem Kontext eine beratende Funktion einnehmen sollten. Hier besteht ein enger Zusammenhang zu der Entwicklung neuer, auf Partizipation ausgerichteter Arbeitsformen des Ausschusses (vgl. 2.3.2). Ratsmitglieder unterscheiden sich in dieser Auffassung übrigens nicht von Verbandsvertretern, denen man ein Interesse unterstellen könnte, potenzielle Konkurrenten an der Mitwirkung an Entscheidungen zu hindern.

Zweifellos ist es auf Grund der Größenproblematik nicht sinnvoll, zahlreiche einzelne Initiativen als – sei es nun beratende oder stimmberechtigte[24] – ständige Mitglieder in den Ausschuss zu berufen. Konkret kann letztlich die Frage nach einer Einbeziehung von Initiativen nur lokal entschieden werden. In zwei der untersuchten 15 Kommunen sind beispielsweise die

---

24 Die Zahl der stimmberechtigten Mitglieder des Jugendhilfeausschusses und damit auch der stimmberechtigten Vertreter freier Träger ist sowieso in den meisten Bundesländern begrenzt; vgl. für eine Übersicht über die landesrechtlichen Regelungen Münder/Ottenberg 1999:28.

Freiwilligenagenturen Mitglied des Ausschusses, um Anliegen von freiwillig Engagierten Gehör zu verschaffen; in anderen Kommunen sind es Elterninitiativen oder der Stadtelternrat (als Vertreter der Eltern der in Tageseinrichtungen betreuten Kinder). Einzelne Gruppierungen sind in keiner Kommune vertreten.

Wenn es in einer Kommune gelingt, Persönlichkeiten zu finden, die eher dem „neuen" Initiativspektrum zuzurechnen sind, könnte jedoch deren Einbeziehung in den Jugendhilfeausschuss – durchaus auch als stimmberechtigtes Mitglied – Signalwirkung haben, und zwar sowohl im Hinblick auf die Wertschätzung von Engagement als auch auf die Einbringung diesbezüglicher Interessen in den Ausschuss.

3.1.2 Kooperation mit gewerblichen Anbietern und Unternehmen

Sowohl die Befragung der Ausschussvorsitzenden in Nordrhein-Westfalen als auch die Ergebnisse der Fallstudien zeigen, dass die Bedeutung von gewerblichen Anbietern bei weitem nicht so schnell gewachsen ist, wie es in den Debatten der letzten Jahre die einen gehofft und die anderen befürchtet haben.

Zahlenmaterial zu dieser Fragestellung liegt bislang kaum vor. Bernd Herzig konstatiert am Beispiel von Niedersachsen einen kontinuierlichen Anstieg der Anzahl der privatgewerblichen Träger (Herzig 1999: 153). Der AFET-Fachausschuss „Praxis erzieherischer Hilfen" hat Mitte 2000 eine Umfrage bei allen Landesjugendämtern durchgeführt, um festzustellen, welchen Anteil privatgewerbliche freie Träger, die keinem Spitzenverband der freien Wohlfahrtspflege angehören, an den vollstationären erzieherischen Hilfen haben (Dedekind 2000). Dabei wurde die Anzahl der Plätze zum 31.12.1997 und zum 31.12.1998 erhoben. Für 1997 konnten dazu die Daten von neun, für 1998 von 13 der 18 Landesjugendämter verwertet werden. Auf dieser Grundlage wird für 1997 im Bundesdurchschnitt ein Anteil der privaten Träger von 15,3% und für 1998 von 15,6% ermittelt. In Tabelle 1 sind die Daten für 1998 zusammengefasst. Dabei zeigen sich erhebliche Unterschiede zwischen den einzelnen Landesjugendämtern.

Tabelle 2

Bundesland/Landesjugendamt	Anteil der privaten Träger an vollstationären Plätzen in%
Schleswig-Holstein	35,9
Niedersachsen	29,3
Mecklenburg-Vorpommern	21,5
Hessen	20,9
NRW/Westfalen-Lippe	18,7
Berlin	17,9
Rheinland-Pfalz	15,8
Württemberg-Hohenzollern	10,3
Sachsen-Anhalt	10,2
Bremen	7,0
NRW/Rheinland	5,9
Hamburg	4,6
Sachsen	3,0
Durchschnitt	15,6
Ohne Angabe: Baden, Bayern, Brandenburg, Saarland, Thüringen	

(nach: Dedekind 2000: 14)

Die Daten zeigen, dass sich die Unterschiede zwischen den Bundesländern
kaum auf strukturelle Kriterien zurückführen lassen: So sind beispielsweise
die neuen Bundesländer sowohl unter den Ländern mit weit über- als auch
mit weit unterdurchschnittlichen Anteilen vorzufinden; die Stadtstaaten unterscheiden sich erheblich voneinander; innerhalb von Nordrhein-Westfalen
gibt es erhebliche Differenzen zwischen den beiden Landesjugendämtern.
Nimmt man die Stadtstaaten aus, so lässt sich lediglich ein überproportiona-
ler Anteil privater Träger in den nördlichen Bundesländern konstatieren. Lokal geprägte Traditionen scheinen in erster Linie ausschlaggebend zu sein,
wenn es um die Entwicklung der Bedeutung von verbandlichen Trägern einerseits und privaten Anbietern andererseits geht.[25]
    Angesichts der Diskussion, die in den letzten Jahren darüber geführt
wird, wurden die in der schriftlichen Befragung die nordrhein-westfälischen

---

25 Im Übrigen zeigt sich, dass die Abgrenzung zwischen den verschiedenen Arten von
    Trägern schwierig ist: In der AFET-Befragung wird von „kleinen privaten freien
    Trägern" gesprochen, wobei für die Abgrenzung das Kriterium „ohne Spitzenver-
    bandszugehörigkeit" zu Grunde gelegt wird. Damit sind auch explizit „privat-
    gemeinnützige Träger ohne Anbindung an einen Spitzenverband" (Dedekind
    2000:13) eingeschlossen. Dies ist insofern sinnvoll, weil die Wahl der Rechtsform –
    etwa als GmbH oder als eingetragener Verein – von unterschiedlichen Überlegungen
    abhängt und veränderlich ist. Andererseits werden auf diese Weise auch Träger er-
    fasst, die eher dem Spektrum bürgerschaftlicher Initiativen zuzuordnen sind. Derar-
    tige Initiativen wiederum treten häufig früher oder später einem Spitzenverband –
    meistens dem Deutschen Paritätischen Wohlfahrtsverband – bei, sodass sie nicht
    mehr unter das AFET-Kriterium fallen würden. Des Weiteren werden in einigen
    Bundesländern Pflegefamilien als Einrichtungen mit stationären Plätzen (und damit
    als private Träger) geführt, in anderen nicht. Diese Anmerkungen zeigen, wie
    schwierig es ist, zu konkretem Zahlenmaterial zu kommen.

84

Ausschussvorsitzenden gefragt, ob es in ihrer Kommune mit verschiedenen gewerblichen Anbietern und Unternehmen häufig, selten oder nie eine Zusammenarbeit gibt (Abbildung 3).

Eine häufige Zusammenarbeit ist nur mit Sponsoren in einer nennenswerten Anzahl von Kommunen vorzufinden (26%); weitere 65% der Befragten geben an, dass Kooperation manchmal eine Rolle spielt. Bei allen übrigen potenziellen Partnern fällt zunächst ein mit zwischen 20% und 29% recht hoher Anteil der Befragten auf, die diese Fragen mit „weiß nicht" oder überhaupt nicht beantworten[26] – ein Indikator dafür, dass die Zusammenarbeit mit diesen Akteuren in der Kommune kaum thematisiert wird.

12% der Befragten, die die entsprechende Frage beantworten, sprechen davon, dass es häufig eine Zusammenarbeit mit gewerblichen Anbietern von Hilfen zur Erziehung gibt; in 37% der Fälle ist dies manchmal der Fall. Es folgen die gewerblichen Betreiber von Heimen (11% häufig, 40% manchmal); im Bereich der Kindertageseinrichtungen ist der Stellenwert der Kooperation mit Gewerblichen deutlich geringer (7% häufig, 17% manchmal). Es gibt kaum Jugendämter, die häufig mit gewerblichen Anbietern von Freizeitaktivitäten (4%), mit Spielgeräteherstellern (4%) und mit Spielwarenhändlern (2%) kooperieren; eine sporadische Zusammenarbeit kommt hingegen recht häufig vor (Freizeitaktivitäten 50%, Spielgerätehersteller 36%, Spielwarenhändler 32%,).

Die Bewertung von gewerblichen Anbietern ist ambivalent: Mehr als die Hälfte der Befragten hält die Zusammenarbeit mit gewerblichen Anbietern für problematisch, weil kommerzielle Interessen nicht mit den Zielen der Jugendhilfe vereinbar seien; ein Viertel verneint diese Aussage. Dennoch finden drei Viertel der Befragten, dass die Zusammenarbeit mit gewerblichen Anbietern sinnvoll sein kann, wenn die Rahmenbedingungen entsprechend gestaltet werden; nur 11% lehnen dies ausdrücklich ab. Skepsis und die Bereitschaft zu einer pragmatischen Entscheidung stehen also nebeneinander, und den Rahmenbedingungen wird offenkundig eine entscheidende Bedeutung zugemessen.

---

26 Gewerbliche Anbieter von Freizeitaktivitäten: 25%; Spielwarenhändler 29%; Spielgerätehersteller 27%; gewerbliche Betreiber von Kindertageseinrichtungen 21%; gewerbliche Betreiber von Heimen 27%; gewerbliche Anbieter von Hilfen zur Erziehung 20%. Bei den Sponsoren liegt der Anteil derjenigen, die keine Angaben machen, nur bei 9%.

86

Abbildung 3:

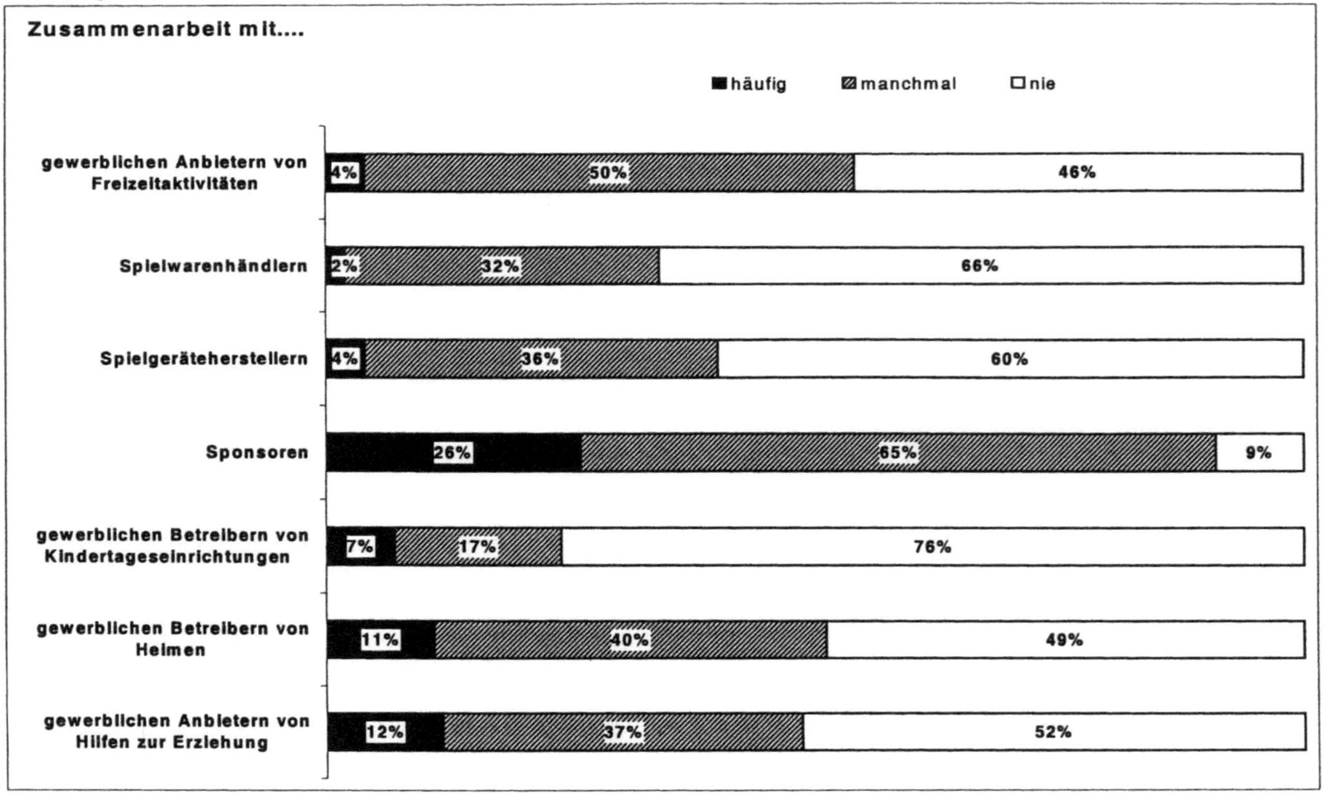

Zusammenarbeit mit...

Legende: ■ häufig ▨ manchmal ☐ nie

Kategorie	häufig	manchmal	nie
gewerblichen Anbietern von Freizeitaktivitäten	4%	50%	46%
Spielwarenhändlern	2%	32%	66%
Spielgeräteherstellern	4%	36%	60%
Sponsoren	26%	65%	9%
gewerblichen Betreibern von Kindertageseinrichtungen	7%	17%	76%
gewerblichen Betreibern von Heimen	11%	40%	49%
gewerblichen Anbietern von Hilfen zur Erziehung	12%	37%	52%

Dieses Bild bestätigt sich bei der Auswertung der Fallstudien: Sowohl in den Verwaltungen als auch in den Ausschüssen gibt es kaum grundsätzliche Bedenken gegen die Zusammenarbeit mit gewerblichen Anbietern; betont wird, dass der entscheidende Faktor die Leistung, nicht die Rechtsform ist. Als Voraussetzung wird vielfach eine entsprechende Qualitätskontrolle formuliert. Weit verbreitet ist allerdings die Skepsis darüber, ob Jugendhilfe für Gewerbliche ein interessantes Feld sein kann und ob die gewünschte Qualität und Kontinuität abzusichern sind.

Darüber hinaus wird darauf verwiesen, dass sich die Grenzen zwischen gemeinnützigen und gewerblichen Trägern verwischen: So würden gemeinnützige Träger inzwischen für viele Leistungen die Rechtsform einer GmbH wählen. Umgekehrt hätten gewerbliche Anbieter oft „kreative Namen", sodass sie kaum noch als solche identifizierbar seien. Da in zunehmendem Maße mit Leistungsverträgen zwischen Kommune und Anbietern gearbeitet würde und Wettbewerbsmodelle gefördert würden, würden freie Träger, so einige Interviewpartnern, in wachsendem Maße wie Gewerbliche agieren. Insofern ist die Frage nach dem Stellenwert von gewerblichen Anbietern in engem Zusammenhang zu diskutieren mit den im Folgenden Abschnitt betrachteten Themen.

3.2 Zur Entwicklung von Wettbewerb

Die Entwicklung der neuen Steuerungsmodelle trifft sich mit einer Grundsatzdiskussion über die Regulierungsstrukturen im Bereich sozialer Dienstleistungen. Hier lassen sich Entwicklungstendenzen beobachten, die sich als grundlegende Veränderung der Organisation sozialer Arbeit und sozialer Dienste beschreiben und analysieren lassen. Gewöhnlich wird dieser Vorgang als „Ökonomisierung" des sozialen Dienstleistungssektors auf den Begriff gebracht (vgl. z. B. Krölls 1996), als „Systemwechsel" (Wittenius 1998) oder „Paradigmenwechsel" (Meyer 1997) in der sozialen Arbeit beurteilt und nicht selten vor dem Hintergrund einer „Restrukturierung" der gesamten Sozialpolitik (Butterwege 1999) oder „Vermarktwirtschaftlichung" der gesamten Gesellschaft beleuchtet (Lechner 1994).

Mittels wettbewerbszentrierter Modernisierungsinstrumente soll ein Sektor, in dem nicht genügend Wettbewerb herrscht, Marktkräfte außer Kraft gesetzt und Anreizstrukturen falsch gepolt sind, effizienter gestaltet werden; ferner sollen die hochgradig organisierten Akteure des Systems in ihrer eigenständigen Definitionsmacht und Gestaltungsfähigkeit geschwächt und die korporatistische Steuerung des Systems aufgelöst werden (vgl. Meyer 1997, Monopolkommission 1997). Angenommen wird, dass der staatlich regulierte soziale Dienstleistungssektor durch diese Strukturmerkmale einer marktwirtschaftlichen Allokation und Verteilung weitgehend entzogen sei und die dem System innewohnenden Wohlfahrts-, Wachstums- und Beschäftigungspotenziale dadurch verschüttet worden seien. Nach neoklassischer Lehrmeinung muss dereguliert werden, d.h. die staatliche und verbandliche Kontrolle muss durch die Einführung einer wettbewerblichen Rahmenordnung substituiert werden. Nur auf diesem Wege böte sich „die Chance, durch die Konkurrenz zwischen (...) Leistungserbringern Effizienzsteigerung zu bewirken und falsche Anreizstrukturen korrigieren zu können" (Monopolkommission 1997: 419).

Denkt man die diesbezüglichen Forderungen weiter, so könnte sich folgendes, von der Monopolkommission bereits umrissene, Szenario ergeben: „Das von einigen Kommunen bereits praktizierte Kontraktmanagement bietet eine interessante Alternative: die Leistungsverträge zwischen Kommune und Sozialunternehmen beinhalten zunächst eine Leistungsbeschreibung und die Entgelthöhe. Das Sozialunternehmen stellt entweder Kapazitäten oder ein Versorgungspaket zur Verfügung, wobei das unternehmerische Risiko vom Unternehmen getragen wird. Im Gegensatz zum bestehenden System ist die Finanzierung monistisch organisiert. Der Auftraggeber erhält eine Leistungs- bzw. Qualitätsdokumentation, die Kostenrechnungen hingegen werden nicht offen gelegt. Die Budgetverantwortung der Kommunen ist teilweise von der Kämmerei in die jeweiligen Fachressorts verlagert. Der zwischen Kommune und Sozialunternehmen vereinbarte Kontrakt ist in diesem Fall privatrechtlicher Natur. Da ein Wettbewerb um die Leistungskontrakte angestrebt wird, darf die Vergabe nicht freihändig erfolgen, sondern auf dem Wege eines öffentlichen Ausschreibungsverfahrens. Damit wird ein indirekter Bestandsschutz verhindert und die geschaffene Transparenz schafft realistische Chancen für Newcomer." (Monopolkommission 1997: 346f.)

Wie die praktische Entwicklung in der Jugendhilfe diesbezüglich zurzeit aussieht, war eine der Fragestellungen, die sowohl in der schriftlichen Befragung als auch in den Fallstudien eine Rolle spielte. Im Folgenden soll zunächst generell die Entwicklung von Konkurrenz diskutiert werden (3.2.1); anschließend geht es speziell um Leistungsverträge (3.2.2) und Ausschreibungen (3.2.3) als wesentliche Instrumente zur Umsetzung veränderter Regulierungsstrukturen.

3.2.1 Chancen und Risiken von Konkurrenz

Die Konkurrenz zwischen den Leistungsanbietern – sowohl zwischen den Verbänden untereinander als auch zwischen diesen und anderen Akteuren – wird sehr unterschiedlich wahrgenommen und bewertet, wobei die Einschätzungen sogar in derselben Kommune oft stark auseinander gehen. Eine Mehrheit der Befragten ist der Meinung, dass es eine verstärkte Konkurrenz gibt, bedingt sowohl durch die Ressourcenknappheit als auch durch neue Verfahrensweisen wie die Nutzung von Ausschreibungen. Andere Befragte verneinen die Frage nach der Konkurrenz mit der Begründung, dass „der Kuchen verteilt" sei.

Auch in der Befragung der nordrhein-westfälischen Ausschussvorsitzenden zeigt sich, dass die Mehrheit eine Steigerung der Konkurrenz sieht: Nach Wahrnehmung von mehr als der Hälfte der Ausschussvorsitzenden ist die Konkurrenz zwischen den Leistungsanbietern ist in den letzten drei Jahren gewachsen (22% sehr stark, 34% stark); 36% finden, sie sei gleich geblieben, 9% finden, sie sei eher zurückgegangen; einen starken Rückgang konstatiert niemand. Auffällig ist, dass über ein Fünftel der Befragten (21%) keine Angaben macht. Für die nächsten drei Jahre gehen mit fast drei Vierteln noch deutlich mehr Befragte von einer wachsenden Konkurrenz aus (19% viel stärker, 55% stärker). 22% denken, dass die Konkurrenz gleich bleiben wird, 5% meinen, sie werde sinken. Keine Einschätzung abgeben wollen 13%.

Konkurrenz und Wettbewerb werden von den Befragten eher positiv beurteilt. Zwar befürchten 28%, dass mehr Wettbewerb zwischen unterschiedlichen Anbietern dazu führt, dass ohne Rücksicht auf Qualität nur noch die billigsten Anbieter zum Zuge kommen; mehr als die Hälfte jedoch teilt diese Befürchtung nicht. Fast zwei Drittel meinen, dass mehr Wettbewerb zwischen unterschiedlichen Anbietern die Wirtschaftlichkeit erhöht; immerhin 46% denken, dass mehr Wettbewerb zwischen unterschiedlichen Anbietern die Qualität verbessert. Bestritten wird die Erhöhung der Wirtschaftlichkeit nur von 12%, die Verbesserung der Qualität von einem Viertel – letzteres entspricht etwa dem Anteil derjenigen, die einen Dumping-Wettbewerb befürchten.

Auch von vielen Interviewpartnern wird die Entwicklung von Konkurrenz positiv eingeschätzt, weil man Chancen für einen Qualitätswettbewerb sieht. Einige Verwaltungen versuchen bewusst, den Trägern die Konkurrenzsituation deutlich zu machen, um Leistungsverbesserungen zu erreichen: Man habe zum Beispiel, so ein Amtsleiter, den Kindergärten gesagt, dass auf Grund der demografischen Entwicklung in einigen Jahren jeder 5. Kindergartenplatz wegfallen würde. Seitdem seien die Kindergärten sehr kreativ bei der Entwicklung von Angeboten. Ganztagsbetreuung bspw. sei inzwischen kein Problem mehr. Einige Befragte sind der Meinung, dass sich durch die im Kontext der Verwaltungsmodernisierung eingeführten Verfahrensweisen die Qualität verbessert, weil erstmals Qualitätsstandards definiert und von der Verwaltung auch eingefordert werden und weil im Zuge der Entwicklung eines Berichtswesens Qualität auch nachgewiesen werden müsste.

Andere Befragte befürchten, dass die Konkurrenz eher zu Preisdumping und Qualitätsverlusten führt. Ein Amtsleiter meint, dass sich die Konkurrenz zwischen den Leistungsanbietern „zu einem erheblichen Problem" entwickelt. Nach seinen Beobachtungen versuchen beispielsweise Heime plötzlich, ambulante Hilfen anzubieten und in andere Sektoren vorzustoßen, für die sie nicht wirklich qualifiziert sind; innerhalb der einzelnen Sektoren ersetzen Träger Angestellte durch Honorarkräfte, um Kosten zu sparen. Eine Qualitätskonkurrenz sehe er nicht, wobei er anmerkt, dass dies ein Problem sei, das die Ämter zumindest mitzuverantworten haben: „Wahrscheinlich senden wir keine hinreichenden Signale in diese Richtung aus – wir müssten unsere Anfragen, Ausschreibungen und Verträge viel stärker so gestalten, dass deutlich wird, dass wir Wert auf Qualität legen." In einem ersten Schritt in diese Richtung nimmt man in Verträge nun verstärkt Klauseln auf, die eine Mindestqualifikation des Personals fordern, und zwar explizit auch für eventuelle Unterauftragnehmer.

An diesem Beispiel wird deutlich, dass es in erheblichem Maße dem Einfluss der Jugendhilfepolitik unterliegt, welche Auswirkungen die Konkurrenz unter den Leistungsanbietern hat. Es ist nicht zuletzt Sache des Jugendhilfeausschusses, Qualitätsstandards zu entwickeln, an denen sich die Auftragsvergabe orientieren kann und die den Anbietern gegenüber deutlich machen, welche Qualität gewünscht wird.

3.2.2 Empirische Erfahrungen mit Leistungsverträgen

Leistungsverträge sind in allen Kommunen von wachsender Bedeutung und werden immer mehr zum selbstverständlichen Instrument für die Ausgestaltung der Beziehungen zwischen Kommune und Leistungsanbietern. In den einzelnen Feldern stellt sich die Bedeutung unterschiedlich dar: Bezüglich der Förderung freier Träger nach § 74 KJHG stellen Verträge eine Ausnahme dar und sind umstritten, da es hier nicht um Leistungserbringung Delegation und Kostenerstattung, sondern um die Förderung der freiwilligen Aktivitäten von Verbänden geht. Im Hinblick auf stationäre und teilstationäre Angebote hingegen sind durch die 1998 eingefügten §§ 78a-g KJHG „Vereinbarungen über Leistungsangebote, Entgelte und Qualitätsentwicklung" vorgeschrieben. Diese werden in einigen Bundesländern durch Entgeltkommissionen zentral ausgehandelt.

Dazwischen liegen alle weiteren Leistungen der Jugendhilfe wie bspw. ambulante Erziehungshilfen, Beratungsangebote und die Trägerschaft von Einrichtungen wie Kindergärten oder Jugendheimen. Hier schließen die Kommunen immer häufiger Verträge mit den Leistungsanbietern, wobei die Ausgestaltung erheblich differiert:

Einige Verträge beschränken sich auf eine kurze Beschreibung der zu erbringenden Leistungen. In anderen Fällen wird versucht, Ziele zu definieren, die mit diesen Leistungen erreicht werden sollen. Teilweise enthalten die Verträge auch Berichtspflichten. Beispielsweise verpflichtet eine Kommune die Anbieter, in kurzen qualitativen Berichten über ihre Aktivitäten Rechenschaft abzulegen. In einigen Kommunen werden – analog zu den Berichten an den Ausschuss (vgl. 2.2) auch Kennzahlen entwickelt. In manchen Fällen beziehen sich die Verträge auf die Produkte, die in der Kommune definiert wurden. Eine Abstimmung der Produktbeschreibungen mit den Anbietern scheint allerdings (noch?) eine Ausnahme darzustellen. Es gibt aber Fälle, in denen die Anbieter mit denselben Produktbeschreibungen arbeiten wie die Kommune, was nach Auffassung der Beteiligten die Zusammenarbeit erleichtert.

Sehr unterschiedlich gestaltet ist auch das Verhältnis zwischen Grundfinanzierung und fallbezogenen Abrechnungen. Es gibt Verträge, in denen pauschal eine bestimmte Anzahl von Personalstellen und eine bestimmte Infrastruktur finanziert werden, damit der Anbieter eine Leistung vorhält (bspw. Erziehungsberatung). Diese Verträge bringen im Grunde für den Anbieter keinen wesentlichen Unterschied zur früheren Zuschussfinanzierung. Umgekehrt gibt es Verträge, nach denen ausschließlich fallbezogen abgerechnet wird, sodass der Anbieter das Risiko trägt. In einigen Ämtern ist man der Meinung, dass eine solche Vertragspolitik zu Qualitätsproblemen führt, weil die Anbieter dazu neigen, ihr Risiko durch die verstärkte Beschäftigung von Honorarkräften oder Mitarbeitern mit befristeten Arbeitsverträgen zu minimieren. Aus diesem Grunde gibt es Zwischenlösungen: Ein Amt bspw. garantiert den Anbietern eine Grundfinanzierung, die etwa 80% der zu erwartenden Fälle entspricht. Darüber hinaus gehende Fälle werden fallbezogen abgerechnet.

Unterschiedlich gehandhabt wird auch die Laufzeit der Verträge. Häufig vorzufinden ist das Modell einer dreijährigen Laufzeit, oft verbunden mit einer stillschweigenden Verlängerung um ein weiteres Jahr, wenn der Vertag nicht gekündigt wird. Kürzere Laufzeiten scheinen eher selten zu sein; hingegen gibt es auch Verträge mit fünfjähriger Laufzeit. Verträge, die über mehrere Jahre laufen, werden grundsätzlich von allen Beteiligten als positiv bewertet: Für die Anbieter bringen sie Planungssicherheit, für Amt und Ausschuss eine Entlastung, weil nicht mehr für jedes Haushaltsjahr neu verhandelt werden muss.

Einige Ausschussmitglieder – sowohl Träger- als auch Ratsvertreter – merken allerdings kritisch an, dass der Preis für die langfristige Orientierung darin besteht, dass es schwierig ist, auf neue Problemlagen einzugehen: „Das Geld ist über Jahre hinaus für ein bestimmtes Leistungsspektrum gebunden; für neue Aufgaben ist da kein Platz mehr.", so umschreibt ein Ausschussmitglied das Problem, das in der Tat bei einem insgesamt knappen Budget schwer zu lösen ist. Einfacher zu handhaben ist eine andere Schwierigkeit, auf die von einigen Trägervertretern hingewiesen wird: Bei langfristigen Verträgen werde die Finanzierung zum Ende der Laufzeit auf Grund von Tariferhöhungen zunehmend knapp. Dieses Problem kann gelöst werden, indem eine bestimmte Steigerungsrate von vornherein vereinbart wird. Einige Kommunen binden diese Rate an einen Index für die Entwicklung der Personalkosten im öffentlichen Dienst.

Insgesamt wird das Instrument des Leistungsvertrags von allen Beteiligten grundsätzlich positiv bewertet. Für die kommunale Seite bedeutet es mehr Transparenz; Vertreter der freien Träger sehen einen Vorteil darin, dem öffentlichen Träger nun als Vertragspartner und nicht als Zuschussempfänger gegenüber zu stehen: „Das hatte immer was von Almosen, aber jetzt ist offensichtlich, welche Leistung wir für das Geld erbringen." Positiv ist aus der Sicht der Träger auch, dass eine bestimmte Leistung definiert wird und die Kommune nicht, wie nach Aussage einiger Befragter früher oft geschehen, plötzlich für denselben Zuschuss mehr verlangen kann.

Die konkrete Ausgestaltung der Verträge ist allerdings in manchen Kommunen Gegenstand der Kritik: Hier wird – nicht nur von Trägervertretern – angemerkt, dass die Kommune die Träger finanziell zu sehr unter Druck setze, sodass einzelne Träger sich bereits zurückgezogen hätten: „Wenn das so weiter geht, werden wir bald Schwierigkeiten haben, genügend Leistungsanbieter zu finden", prognostiziert ein Ratsmitglied. In dieser Schärfe scheint sich die Problematik aber nur in Einzelfällen zu stellen; in der Mehrheit der Kommunen wird die Zusammenarbeit zwischen Kommune und Anbietern als fair empfunden.

Die in der Fachdiskussion immer wieder geäußerte Befürchtung, die freien Träger würden zum bloßen Anbieter von Leistungen in Delegation degradiert und verlören ihre gesellschaftliche Funktion, wird von den Trägervertretern auf lokaler Ebene nicht geteilt. Zum einen herrscht hier offenkundig eher eine pragmatische Sichtweise vor; so lange man mit dem Vertragssystem einigermaßen klarkommt, führt man keine Grundsatzdiskussion. Zum anderen berührt das Vertragssystem nur einen Teil der Funktionen der freien Träger, nämlich die Funktionen als Leistungserbringer, während ihre Rolle als Mitgestalter im Jugendhilfeausschuss davon nicht tangiert wird.

Umstritten waren vor allem anfangs in vielen Fällen auch die Berichtspflichten. Träger fühlten sich hierdurch in ihrer Autonomie beeinträchtigt. Auch hier haben die Erfahrungen oft zu einer anderen Sichtweise geführt. Einige Träger betonen, dass sie auf diese Weise die Möglichkeit haben zu verdeutlichen, was sie leisten. Dies erhöhe die Wertschätzung ihrer Arbeit.

Auch daran zeigt sich, dass die Aufgeregtheit, die es zu Beginn der Debatte um die neuen Steuerungsmodelle über das Instrument „Leistungsvertrag" gegeben hat, weitgehend der Vergangenheit angehört. Das Instrument hat sich grundsätzlich bewährt, wenn es auch gerade im Hinblick auf die Sicherung von Qualität zweifellos noch der Weiterentwicklung bedarf.

3.2.3 Chancen und Risiken von Ausschreibungen

Während Leistungsverträge immer mehr zum Allgemeingut werden, wird das Instrument der Ausschreibung sehr unterschiedlich genutzt und bewertet. Es gibt Ämter, die alle Leistungen ausschreiben, und andere, die dieses Instrument bisher nicht genutzt haben und dies auch für die Zukunft nicht beabsichtigen. Bislang stellt die Durchführung von Ausschreibungen noch eher eine Ausnahme dar. Die Auffassung mancher Juristen, die unter Berufung auf EU-Recht eine Ausschreibungspflicht postulieren, hat sich bislang nicht durchgesetzt und wird auch vom Europäischen Gerichtshof (noch?) nicht geteilt.

Dennoch werden die Vor- und Nachteile von Ausschreibungen sehr kontrovers diskutiert. Für Ausschreibungen werden die folgenden Argumente angeführt: Ausschreibungen ...

- zwingen zur genauen Definition der gewünschten Leistung;
- schaffen Transparenz;
- ermöglichen objektive Auswahl nach Qualitäts- und Kostenkriterien;
- führen zur Ausschöpfung von Wirtschaftlichkeitsreserven;
- stellen ein Signal an neue Anbieter dar, dass man die Chance hat, eine Aufgabe zu übernehmen, wenn man gut ist.
- Auch die Gegenargumente sind zahlreich: Ausschreibungen ...
- stehen im Widerspruch zum Wunsch- und Wahlrecht nach KJHG, weil der Leistungsberechtigte keine Wahlmöglichkeiten mehr hat, wenn die das Amt auf der Basis von Ausschreibungen einen Anbieter auswählt;
- behindern die fachlich fundierte Auswahl der Leistungsanbieter und bringen die Gefahr, sich zu sehr an Kosten zu orientieren, weil man unter Rechtfertigungsdruck gerät, wenn man nicht den billigsten Anbieter auswählt;
- sind unnötig, weil Anbieter und ihre Leistungsfähigkeit bekannt sind;
- gefährden die gewachsene gute Kooperation mit den Trägern;
- schaffen nur Scheinobjektivität, weil Entscheidungen faktisch doch nach anderen Kriterien getroffen werden.

Verfolgt man die Diskussion, so ist festzustellen, dass vieles davon abhängt, was genau unter einer Ausschreibung verstanden wird. Die Kritiker des Instruments denken oft an das formalisierte Verfahren einer Ausschreibung nach VOB/VOL, wie es etwa für kommunale Bauaufträge oder Beschaffungen gilt. Dies ist aber in aller Regel nicht gemeint, wenn in der Jugendhilfe von Ausschreibungen die Rede ist. Hier dient die Ausschreibung zum einen der Definition der gewünschten Leistung und zum anderen der Gewinnung von Anbietern, wobei die konkrete Auswahl sich nicht zwangsläufig nur nach finanziellen Kriterien richten muss und Gegenstand von Verhandlungen und durchaus auch von politischen Entscheidungen sein kann. Es ist diese „weiche" Form der Ausschreibung, die nach Auffassung der meisten Befürworter sinnvoll ist, weil sie die potenziellen Vorteile dieses Instruments zum Tragen bringt und die Nachteile vermeidet.

Kritiker wiederum bezeichnen eine derartige Ausschreibung als Scheinverfahren. In der Tat wird von einzelnen Befragten von Fällen berichtet, in denen der Ausschuss sich für einen „Klienten" der Mehrheitsfraktion entschieden habe, obwohl das Ergebnis der Ausschreibung eine andere Auswahl nahe gelegt hätte. Einzelfälle dieser Art wird man wahrscheinlich nie ganz vermeiden können; jedoch ist es Sache des Ausschusses, wie er das Instrument handhabt. Wenn in Verwaltung und Ausschuss ein grundsätzlicher Konsens über die Sinnhaftigkeit von Ausschreibungen besteht und man gemeinsam Entscheidungskriterien entwickelt, dürfte der Umgang mit dem Instrument mittelfristig so weit zur Routine werden, dass Entscheidungen auf der Basis der Ausschreibungen getroffen werden.

Was das Wunsch- und Wahlrecht betrifft, so stellen sich hier vor allem dann Probleme, wenn Einzelfälle ausgeschrieben werden. Diese Art der Ausschreibung wird auch unter dem Gesichtspunkt des Datenschutzes als problematisch angesehen und von daher nur selten praktiziert und auch von vielen abgelehnt, die grundsätzlich Ausschreibungen befürworten. Wenn es um die Bereitstellung von Diensten – etwa Erziehungsberatung – oder um die Trägerschaft von Einrichtungen geht, wird der Nutzen der Ausschreibung von den Befragten, die Erfahrungen mit diesem Instrument haben, auf Grund der aufgeführten Pro-Argumente höher gewichtet.

Die Befürchtungen im Hinblick auf eine Verschlechterung der Kooperation mit den Trägern sind nach den Erfahrungen der Ämter, die mit Ausschreibungen arbeiten, ebenfalls zu relativieren. Einige Befragte berichten davon, dass es zunächst in der Trägerlandschaft – insbesondere bei großen Trägern, die bis dahin quasi ein Monopol hatten – einen „Aufschrei" und politische Interventionen gegeben habe, als man mit der Durchführung von Ausschreibungen begonnen hat. Zu nachhaltigen Störungen in der Zusammenarbeit habe dies jedoch nicht geführt. In der Tat dürfte, wenn das Ausschreibungsverfahren transparent gehandhabt wird, für alle Beteiligten schnell erkennbar sein, dass es sich um eine faire Grundlage für die Vergabe von Aufträgen handelt.

Zusammenfassend lässt sich aus den Fallstudien die Schlussfolgerung ziehen, dass die Verwaltungsmodernisierung durchaus Veränderungen für die Trägerlandschaft gebracht hat und mit der Weiterentwicklung auch in Zukunft bringen wird. Der Druck auf die einzelnen Träger ist zweifellos gestiegen. Dies gilt zunächst in finanzieller Hinsicht im Hinblick auf die Ausschöpfung von Wirtschaftlichkeitsreserven. Dort, wo dies politisch gewollt und durch ein entsprechende Handhabung von Leistungsverträgen und Ausschreibungen unterstützt wird, bezieht sich dies aber auch auf die Qualität. Insgesamt aber scheinen die Veränderungen bislang zumindest nicht so tief greifend zu sein, wie in der Diskussion darüber teilweise befürchtet (oder erhofft) wurde. Für die nächsten Jahre dürfte es zum einen darauf ankommen, Erfahrungen mit der Anwendung der Instrumente zu sammeln und die Ausgestaltung zielorientiert zu verbessern. Zum anderen muss beobachtet werden, welche Auswirkungen sich auf die Qualität der Leistungen ergeben – gerade angesichts der problematischen Ressourcenlage der meisten Kommunen ist die Gefahr der Entstehung einer Dumping-Konkurrenz nämlich selbst dann nicht von der Hand zu weisen, wenn die Akteure dies nicht beabsichtigen.

Ausblick

Politik für Kinder und Jugendliche sieht sich wachsenden Herausforderungen gegenüber. Die Veränderung und Ausdifferenzierung von Lebenslagen betrifft Kinder und Jugendliche in besonderem Maße, und viele Probleme haben sich verschärft. Antworten auf diese Herausforderungen müssen immer wieder neu gefunden werden. Dies wird an vielfältigen Entwicklungen deutlich, von denen hier nur einige Aspekte stichwortartig benannt seien:

- die steigende Zahl an Ein-Eltern-Familien und die Zunahme der Frauenerwerbstätigkeit mit immer stärker ausdifferenzierten Arbeitszeitregelungen führen zu individuell unterschiedlichen Betreuungsbedarfen für Kinder aller Altersgruppen;
- Gefährdungen von Kindern und Jugendlichen durch Gewalt in der Familie, sexuellen Mißbrauch und Vernachlässigung erfordern örtliche Beratungsinfrastrukturen sowie angemessene Einzelfallhilfen;
- Jugendsozialarbeit muß immer wieder neu reagieren auf soziale Problemsituationen von Jugendlichen, Qualifikationsdefizite und Schwierigkeiten bei der beruflichen Integration, Suchtverhalten, Schuldenprobleme sowie Kriminalität und Gewaltbereitschaft;
- Defizite in der Integration von ausländischen Kindern und Jugendlichen machen Fördermaßnahmen notwendig, die frühzeitig ansetzen und von der sprachlichen Förderung im Elementarbereich bis hin zur Begleitung der beruflichen Integration aufeinander aufbauen;
- für die Bereitschaft von Jugendlichen zum Engagement spielen Kreativität, Eigenverantwortung und Selbstverwirklichung als Motivationsfaktoren eine große Rolle, so daß die Berücksichtigung dieses Strukturwandels die gesellschaftliche Beteiligung von Jugendlichen wesentlich stärken könnte.

Ist die Kinder- und Jugendpolitik in der Lage, diese und andere Herausforderungen aufzugreifen und angemessene Lösungen zu finden? Letztlich ist dies die Kernfrage, an deren Beantwortung sich auch die Verwaltungsreform messen lassen muß: Inwieweit trägt sie dazu bei, Strukturen zu schaffen, die eine bessere Bearbeitung der Problemfelder fördern?

Chancen dafür, so zeigen die Ergebnisse des Projektes, bestehen durchaus: So erhält der Ausschuß über ein geeignetes Berichtswesen eine Informationsbasis, die sowohl die Früherkennung von Problemen als auch die Messung des Erfolges von Maßnahmen fördert; modernisierte Arbeitsformen im Ausschuß stärken seine Fähigkeiten zur Problemwahrnehmung und konstruktiven Suche nach Lösungen; Leistungsverträge und ein darauf aufbauendes Controlling können bei geeigneter Ausgestaltung sowohl die Qualität als auch die Wirtschaftlichkeit von Maßnahmen erhöhen.

Die Akteure in der Jugendhilfe, so der Eindruck aus den Gesprächen, die im Rahmen des Projektes geführt wurden, scheinen in ihrer überwiegenden Mehrheit bereit zu sein, die Herausforderungen anzunehmen und die Chancen zu nutzen. Wurde im vorliegenden Bericht bislang vorrangig auf die einzelnen inhaltlichen Ergebnisse der Interviews und Workshops eingegangen, so sei abschließend ein Gesamteindruck wiedergegeben: Die Interviews zeigten, wie intensiv über die Probleme im Kinder- und Jugendbereich diskutiert wird. Auch die Workshops bestätigten, dass um zukunftsweisende Lösungen im Kinder- und Jugendbereich gerungen wird. Die meisten Beteiligten sind durch ein hohes Maß an Engagement und Identifikation mit der Sache gekennzeichnet. Sowohl in den Interviews als auch in den Workshops fanden sich unterschiedliche Positionen wieder, die ein Zeichen für die Lebendigkeit dieses Politikfeldes sind. Da eine nachhaltige Funktionsfähigkeit der Gesellschaft nur über Kinder und Jugendliche erreicht werden kann, sollten diese Potenziale genutzt werden, um der Kinder- und Jugendpolitik einen höheren Stellenwert im politischen Spektrum zu verschaffen. Es bleibt zu hoffen, dass dieser Band einen Anstoß für die Weiterentwicklung der Kinder- und Jugendpolitik liefert und die sich abzeichnende Dynamik in den Jugendhilfeausschüssen, Jugendämtern, Wohlfahrtsverbänden und unterschiedlichen Initiativen nicht an Schwungkraft verliert.

IV. Zusammenfassende Thesen

1. Die Reformen der Jugendämter orientieren sich mit unterschiedlicher Schwerpunktsetzung an eher fachlich motivierten Strategien und an der Umsetzung der neuen Steuerungsmodelle. Idealtypisch lassen sich drei Reformtypen unterscheiden:

    -   Vorherrschende Orientierung an den neuen Steuerungsmodellen („betriebswirtschaftliche Strategie")
    -   Vorherrschende Orientierung an fachlichen Reformanforderungen („jugendhilfebezogene Strategie")
    -   Aktive Verknüpfung beider Ansätze („Verknüpfungsstrategie")

2. Die Erfahrungen aus dem Projekt lassen darauf schließen, dass eine Verknüpfung zwischen fachspezifischen und betriebswirtschaftlichen Reformansätzen am ehesten das Potenzial bietet, den ursprünglichen Anspruch der neuen Steuerungsmodelle zu realisieren – nämlich Leistungen für den Bürger nicht nur kostengünstiger, sondern auch besser zu erbringen. Die Debatte um die Verwaltungsmodernisierung sollte demnach fachspezifisch ausdifferenziert und erweitert werden.

3. Die Reformen in den Kommunalverwaltungen haben für die Jugendämter zu sehr unterschiedlichen Modellen der Aufbauorganisation geführt. Diskutiert wird vor allem die Zusammenführung der Jugendhilfe mit dem Schul- oder mit dem Sozialbereich. Einige dieser Modelle weisen durchaus Vorteile im Hinblick auf eine Verknüpfung mit zusammenhängenden Politikfeldern auf. Die Bedeutung der Diskussionen um die Aufbauorganisation muss jedoch relativiert werden. Zum einen zeigt sich, dass diesbezügliche Entscheidungen oft von sehr pragmatischen Überlegungen bestimmt sind. Zum anderen sind die angestrebten Synergien auch durch andere Formen der Zusammenarbeit zu fördern.

4. Die Entscheidungen über die Aufbauorganisation haben unterschiedliche Konsequenzen für die Struktur des Jugendhilfeausschusses. Eine gewisse Kongruenz der Strukturen in Politik und Verwaltung ist zweifellos erforderlich, um klare Zuständigkeiten zu schaffen. Jedoch zeigt sich – jenseits der rechtlichen Problematik – auch hier, dass für Effektivität und

Effizienz vor allem die Arbeitsformen des Ausschusses von Bedeutung ist sind.

5. Die Beteiligung der Jugendhilfeausschüsse an der Konzipierung der Verwaltungsreformen ist meistens gering ausgeprägt. Die Rolle der Politik im Modernisierungsprozess wird nach wie vor zu wenig berücksichtigt.

6. Eine intensive Politikbeteiligung im Modernisierungsprozess kann zu einer verbesserten Kooperation zwischen Ausschuss und Verwaltung auch über die Beteiligungsprojekte hinaus führen. Entscheidend ist jedoch nicht nur die Organisation von Beteiligungsprojekten, sondern auch das allgemeine – oft traditionell gewachsene – Klima zwischen den Akteuren. Dieses wiederum kann durch Beteiligungsprojekte gefördert werden. Die gemeinsame Entwicklung von Leitbildern hat sich in diesem Zusammenhang bewährt.

7. Instrumente der neuen Steuerung sind in vielen Fällen nur ansatzweise entwickelt. Dies gilt für Berichtswesen und Controlling ebenso wie für Verfahren zur Förderung des Wettbewerbs. Für die weitere Entwicklung wird die Berücksichtigung von fachspezifischen Besonderheiten von wesentlicher Bedeutung sein.

8. Im Hinblick auf ein Berichtswesen erweist sich für die Jugendhilfe ein kombiniertes Verfahren als sinnvoll: Zum einen erlauben formalisierte, kennzahlengestützte Berichte – am besten basierend auf dem Haushaltsplan – einen kontinuierlichen Überblick. Zum anderen sollten in Textform Prioritäten, geplante Maßnahmen und Qualitätsziele festgehalten und überprüft werden, um eine hinreichende fachliche Differenzierung zu erreichen.

9. Dort, wo das Produktkonzept tatsächlich sowohl umgesetzt als auch dem Ausschuss vermittelt wurde, stellt es sich als ein Arbeitsinstrument heraus, das von der Politik weitgehend genutzt und akzeptiert wird.

10. Die Modernisierung der Arbeitsformen in der Politik wird an Bedeutung gewinnen, denn ohne parallele Veränderungen in Rat und Ausschüssen werden die Reformansätze sowohl in der Gesamtverwaltung als auch in den einzelnen Ämtern entweder leer laufen oder zu einer weit gehenden Abkopplung von politischer Steuerung führen. Zahlreiche Ideen und Experimente für veränderte Arbeitsformen liegen vor, werden jedoch (noch?) nicht auf breiter Basis umgesetzt.

11. Die Diskussionen um Veränderungen der Organisationsvorschriften über die Struktur des Jugendamtes sollte von allen Seiten differenzierter geführt werden. Als sinnvoll könnten sich Experimentierklauseln erweisen, die lokale Experimente ermöglichen. Dabei müsste sichergestellt werden, dass diese zum einen tatsächlich auf neue Formen der Zusammenarbeit und nicht auf ein einfaches Herausdrängen der Verbände abzielen und zum anderen eine Auswertung der Erfahrungen ermöglichen.

12. Das Kooperationsverhältnis der Kommune mit anderen Akteuren – insbesondere Verbänden – wird zwar vielfach in Frage gestellt und neu or-

ganisiert. Insgesamt bleibt die „Akteurslandschaft" aber erstaunlich stabil und ist sehr stark von lokalen Traditionen geprägt.

13. Bürgerschaftliche Initiativen spielen eine wachsende Rolle in der Jugendhilfe, stoßen aber selten auf traditionelle Arbeitsgebiete der Verbände vor und werden eher als komplementär angesehen.

14. Zwar gibt es in vielen Kommunen Ansätze zur Förderung von bürgerschaftlichem Engagement, jedoch nur in wenigen Fällen Gesamtkonzepte, die auf eine Aktivierung von Bürgern setzen und die Veränderungen freiwilligen Engagements berücksichtigen.

15. Gewerbliche Anbieter haben in der Jugendhilfe bisher bei weitem nicht die Bedeutung erlangt, die von den einen erhofft und von den anderen befürchtet wurde. Im Umgang mit ihnen besteht zwar nach wie vor ein hohes Maß an Skepsis, jedoch dominiert eine pragmatische Sichtweise, die vor allem die Frage nach der Qualität der Leistungen in den Mittelpunkt stellt.

16. Leistungsverträge haben sich als Instrument der Kooperation zwischen Kommune und Leistungsanbietern bewährt und werden immer mehr zur Selbstverständlichkeit werden.

17. Auch Ausschreibungen werden in wachsendem Maße zu einem Arbeitsinstrument in der Jugendhilfepolitik. Formalisierte Verfahren im Sinne der VOB/VOL sind dabei wenig sinnvoll: Es geht vielmehr darum, den Markt für neue Anbieter zu öffnen und dabei Qualitätskriterien zu entwickeln und deutlich zu machen.

Literatur

Alemann, U. v./Heinze, R. G./Wehrhöfer, U. (Hrsg.), 1999: Gemeinwohl und Bürgergesellschaft. Analyse, Diskussion, Praxis. Opladen.

Anheier, H. K./Priller, E./Seibel, W./Zimmer, A. (Hrsg.), 1997: Der Dritte Sektor in Deutschland. Organisationen zwischen Staat und Markt im gesellschaftlichen Wandel. Berlin.

Bandemer, S. v./Blanke, B./Hilbert, J./Schmid, J., 1995: Staatsaufgaben. Von der schleichenden Privatisierung zum aktivierenden Staat. In: Behrens et al. (Hrsg.) 1995, S. 41-60.

Bandemer, S. v./Blanke, B./Nullmeier, F./Wewer, G. (Hrsg.), 1998: Handbuch zur Verwaltungsreform. Opladen.

Bandemer, S. von/Hilbert, J., 1998: Vom expandierenden zum aktivierenden Staat. In: Bandemer, S. v. et al. (Hrsg.), 1998, S. 25-32.

Banner, G., 1991: Von der Behörde zum Dienstleistungsunternehmen. Die Kommunen brauchen ein neues Steuerungsmodell. In: VOP, S. 6-11.

Banner, G., 1995: Effiziente Verwaltung – Anforderungen an die Verwaltungsspitze. In: Der Landkreis 8-9, S. 361-364.

Banner, G., 1998: Von der Ordnungs- zur Dienstleistungs- und Bürgerkommune. In: Der Bürger im Staat 4, S. 179-186.

Bauer, R., 1997: Zivilgesellschaftliche Gestaltung in der Bundesrepublik: Möglichkeiten oder Grenzen? – Skeptische Anmerkungen aus der Sicht der Non-Profit-Forschung. In: Schmals, K.M./Heinelt, H. (Hrsg.) 1997a: S. 133-154.

Beher, K./Liebig, R./Rauschenbach, T., 2000: Strukturwandel des Ehrenamts. Gemeinwohlorientierung im Modernisierungsprozess. Weinheim und München.

Behrens, F./Heinze, R. G./Hilbert, J./Stöbe, S./Walsken, E.-M. (Hrsg.), 1995: Den Staat neu denken. Reformperspektiven für die Landesverwaltung. Modernisierung des öffentlichen Sektors, Sonderband 3. Berlin.

Berthelmann, R./Niehaus, J., 1996: Selber lenken – Das Neue Steuerungsmodell aus der Sicht der Jugendverbands- und Jugendringarbeit. In: Merchel, J./Schrapper, C. (Hrsg.), 1996, S. 276-295.

BMFSFJ (Bundesministerium für Familie, Senioren, Frauen und Jugend) (Hrsg.), 1994: Neunter Jugendbericht. Bericht über die Situation der Kinder und Jugendlichen und die Entwicklung der Jugendhilfe in den neuen Bundesländern, Bonn.

BMFSFJ (Bundesministerium für Familie, Senioren, Frauen und Jugend), 1999a: Materialien zum Internationalen Jahr der Freiwilligen (IJF). Freiwilligenarbeit, ehrenamtliche Tätigkeit und bürgerschaftliches Engagement. Repräsentative Erhebung 1999. Band 1: Überblick über die Ergebnisse. Berlin.

Bogumil, J./Kißler, L. (Hrsg.), 1997: Verwaltungsmodernisierung und lokale Demokratie. Risiken und Chancen eines Neuen Steuerungsmodells für die lokale Demokratie. Baden-Baden.

Bogumil, J./Kißler, L. (Hrsg.), 1998: Stillstand auf der "Baustelle"? Barrieren der kommunalen Verwaltungsmodernisierung und Schritte zu ihrer Überwindung. Baden-Baden.

Bogumil, J./Kißler, L., 1996: Der Bürger als Kunde? Zur Problematik von Kundenorientierung in kommunalen Gestaltungsvorhaben. In: Reichard, C./Wollmann, H. (Hrsg.), 1996, S. 183-194.

Brandel, R./Rusche, S./Stöbe, S./Wohlfahrt, N., 1998: Verwaltungsmodernisierung und die Entwicklung der kommunalpolitischen Arbeit – Ergebnisse einer Befragung. Projektbericht des Instituts Arbeit und Technik 1998-06. Gelsenkirchen.

Brandel, R./Stöbe, S./Wohlfahrt, N., 1998: Modernisierung der Jugendhilfe – welche Rolle spielt die Politik? Projektbericht des Instituts Arbeit und Technik 1998-08. Gelsenkirchen.

Brandel, R./Stöbe-Blossey, S./Wohlfahrt, N., 1999: Verwalten oder gestalten? Ratsmitglieder im neuen Steuerungsmodell. Modernisierung des öffentlichen Sektors, Band 13. Berlin.

Butterwegge, C., 1999: Wohlfahrtsstaat im Wandel. Probleme und Perspektiven der Sozialpolitik. Opladen.

Corsa, M., 1997: Eine Einmischung in die Diskussion über neue Steuerungsmodelle. In: deutsche Jugend 2, S. 67-75.

Dedekind, M., 2000: Partielle Verschiebung oder gravierender Wechsel? Entwicklungstendenz in der Trägerlandschaft. In: AFET 1.01, S. 13-16.

Dekker, P., 2001: Soziales Engagement in den Niederlanden. In: Heinze, R.G./Olk, T. (Hrsg.), 2001, S. 337-360.

Der Paritätische Wohlfahrtsverband (Hrsg.), 2000: Qualitätsentwicklung in Jugendhilfeausschüssen. Arbeitshilfen des Paritätischen Wohlfahrtsverbandes. Frankfurt.

Die Mitbestimmung. Heft 11, 1998.

Dieckmann, Jochen, 1996: Bürger, Rat und Verwaltung. In: Schöneich, M. (Hrsg.), 1996, S. 19-32.

Dreyer, K-H., 1998: Neue Steuerung in der Jugendhilfe: Entwicklung, Umsetzung, Bewertung. In: Brandel/Stöbe-Blossey/Wohlfahrt (Hrsg.), 1998, S. 41-46.

Esch, K./Hilbert, J./Stöbe-Blossey, S., 2001: Der aktivierende Staat. Konzepte, Potenziale und Entwicklungstrends am Beispiel der Jugendhilfe. In: Heinze, R. G./Olk, T. (Hrsg.), 2001, S. 519-548.

Evers, A./Olk, T., 1996a: Wohlfahrtspluralismus – Analytische und normativ-politische Dimensionen eines Leitbegriffs. In: Evers, A./Olk, T. (Hrsg.), 1996, S. 9-60.

Evers, A./Olk, T. (Hrsg.), 1996b. Wohlfahrtspluralismus. Vom Wohlfahrtsstaat zur Wohlfahrtsgesellschaft. Opladen.

Flösser, G./Otto, H.-U. (Hrsg.), 1996: Neue Steuerungsmodelle in der Jugendhilfe. Neuwied – Kriftel – Berlin.

Gemeinsame Stellungnahme vom Deutschen Städtetag und der Arbeitsgemeinschaft Jugendhilfe (AGJ), 1997: Hinweise und Empfehlungen zur Steuerung der Jugendhilfe. O. O.

Greese, D., 1997: Jugendämter vor dem Aus? – Geschichtslos in die Beliebigkeit der Postmoderne. In: Forum Erziehungshilfe 2, S. 82-85.

Grimm, D. (Hrsg.), 1994: Staatsaufgaben. Baden-Baden.

Grunow, D., 1988: Bürgernahe Verwaltung. Theorie, Empirie, Praxismodelle. Frankfurt a. M. – New York.

Grunow, D./Wollmann, H. (Hrsg.), 1998: Lokale Verwaltungsreform in Aktion: Fortschritte und Fallstricke. Basel – Boston – Berlin.

Hasenclever, C., 1978: Jugendhilfe und Jugendgesetzgebung seit 1900, Göttingen.

Hederer, J. (Hrsg.), 1975: Evolution in der Sozialpädagogik. Quellen und Kommentare, München.

Hegner, F., 1978: Das bürokratische Dilemma: Zu einigen unauflöslichen Widersprüchen in der Beziehung zwischen Organisation, Personal und Publikum. Frankfurt a.M.

Heinelt, H. (Hrsg.), 1997: Modernisierung der Kommunalpolitik. Neue Wege zur Ressourcenmobilisierung. Opladen.

Heiner, M., 1996: Ziel- und kriterienbezogenes Qualitätsmanagement in der sozialen Arbeit. Vom Katalogisieren der Aktivitäten zur Reflexion von Qualitätskriterien. In: Merchel, J./Schrapper, C. (Hrsg.), 1996, S. 210-230.

Heinze, R. G./Olk, T. (Hrsg.), 2001: Bürgerengagement in Deutschland: Bestandsaufnahme und Perspektiven. Opladen.

Heinze, R.G., 1985: Verbandlichung der Sozialpolitik? Zur neuen Diskussion des Subsidiaritätsprinzip. In: Krüger, J./Pankoke, E. (Hrsg.), 1985, S. 196-212.

Herzig, B., 1999: Merkmale von neu gegründeten Trägern in der Erziehungshilfe am Beispiel Niedersachsens. In: Weigel, N. et al. (Hrsg.), 1999, S. 145-158.

Hill, H., 1997: Verwaltungsmodernisierung als Demokratiechance in der Kommune. In: Bogumil, J./Kißler, L. (Hrsg.), 1997, S. 23-32.

Hill, H., 1998: Gesetzgebung und Verwaltungsmodernisierung. In: Zeitschrift für Gesetzgebung 2, S. 101-116.

Hinte, W. /Litges, G./Springer, W., 1999: Soziale Dienste: vom Fall zum Feld: soziale Räume statt Verwaltungsbezirke. Modernisierung des öffentlichen Sektors, Sonderband 12. Berlin.

Kaufmann, F.-X. (Hrsg.), 1979: Bürgernahe Sozialpolitik: Planung, Organisation und Vermittlung sozialer Leistungen auf lokaler Ebene. Frankfurt a.M. – New York.

KGSt (Kommunale Gemeinschaftsstelle für Verwaltungsvereinfachung), 1991: Dezentrale Ressourcenverantwortung: Überlegungen zu einem neuen Steuerungsmodell. KGSt Bericht Nr. 12. Köln.

KGSt (Kommunale Gemeinschaftsstelle für Verwaltungsvereinfachung), 1992: Wege zum Dienstleistungsunternehmen Kommunalverwaltung: Fallstudie Tilburg. KGSt Bericht Nr. 19. Köln.

KGSt (Kommunale Gemeinschaftsstelle für Verwaltungsvereinfachung), 1993: Das neue Steuerungsmodell. KGSt Bericht Nr. 5. Köln.

KGSt (Kommunale Gemeinschaftsstelle für Verwaltungsvereinfachung), 1994: Outputorientierte Steuerung in der Jugendhilfe. KGSt Bericht Nr. 9. Köln.

KGSt (Kommunale Gemeinschaftsstelle für Verwaltungsvereinfachung), 1995a: Das neue Steuerungsmodell. Erste Zwischenbilanz. KGSt Bericht Nr. 10. Köln.

KGSt (Kommunale Gemeinschaftsstelle für Verwaltungsvereinfachung), 1995b: Aufbauorganisation in der Jugendhilfe. KGSt-Bericht Nr. 3. Köln.

KGSt (Kommunale Gemeinschaftsstelle für Verwaltungsvereinfachung), 1996: Das Verhältnis von Politik und Verwaltung im Neuen Steuerungsmodell. KGST Bericht Nr. 10. Köln.

KGSt (Kommunale Gemeinschaftsstelle für Verwaltungsvereinfachung), 1998: Kontraktmanagement zwischen öffentlichen und freien Trägern in der Jugendhilfe. KGSt-Bericht Nr. 12. Köln.

Kistler, E./Noll, H.-H./Priller, E. (Hrsg.), 1999: Perspektiven gesellschaftlichen Zusammenhalts. Empirische Befunde, Praxiserfahrungen, Messkonzepte. Berlin.

Klages, H./Gensicke, T., 1997: Wertesurvey 1997, Hochschule für Verwaltungswissenschaften Speyer.

Klug, W., 1997: Wohlfahrtsverbände zwischen Markt, Staat und Selbsthilfe. Freiburg.

Kösters, W., 1999: Politik für die nächste Generation. Kinder-, Jugend- und Familienpolitik in Deutschland. München.

Krölls, A., 1996: Zwecke, Folgewirkungen und Ideologien staatlicher Privatisierungspolitik. In: Widersprüche, Heft 59, S. 45 – 56.

Krüger, J./Pankoke, E. (Hrsg.), 1985: Kommunale Sozialpolitik. München – Wien.

Kühn, D., 1994: Jugendamt – Sozialamt – Gesundheitsamt. Entwicklungslinien der Sozialverwaltung in Deutschland, Neuwied – Kriftel – Berlin.

Landschaftsverband Westfalen-Lippe (Hrsg.), 2000: Der Jugendhilfeausschuss. Einführung, Stichworte, Materialien. Landesjugendamt – Arbeitshilfen. Münster.

Lechner, N., 1994: Marktgesellschaft und die Veränderung von Politikmustern. In: Prokla. Zeitschrift für kritische Sozialwissenschaft, Heft 97, S. 549 –561.

Leif, T., 2001: Die Faszination der großen Zahl. In: Frankfurter Rundschau vom 29.12.2001.

Liebig, R., 2001: Strukturveränderungen des Jugendamts. Kriterien für eine „gute" Organisation der öffentlichen Jugendhilfe. Weinheim – München.

MAGS (Ministerium für Arbeit, Gesundheit und Soziales des Landes Nordrhein-Westfalen) (Hrsg.), 1996: Zukunft des Sozialstaates. Freiwilliges soziales Engagement und Selbsthilfe. Düsseldorf.

Merchel, J., 1996: Wohlfahrtsverbände auf dem Weg zum Versorgungsbetrieb? Auswirkungen der Modernisierung auf Funktionen und Kooperationsformen der Wohlfahrtsverbände. In: Merchel, J./Schrapper, C. (Hrsg.), 1996, S. 296-311.

Merchel, J., 1998: Steuerungsprobleme bei der Modernisierung der Jugendhilfe: Brauchen wir eine neue Jugendpolitik? In: Brandel, R./Stöbe-Blossey, S./Wohlfahrt, N. (Hrsg.), 1998, S. 30-40.

Merchel, J./Schrapper, C. (Hrsg.), 1996: „Neue Steuerung". Tendenzen der Organisationsentwicklung in der Sozialverwaltung. Münster.

Meyer, D., 1997: Steuerungsmängel im System der Freien Wohlfahrtspflege. In: Sozialer Fortschritt, Heft 6-7, S. 158 – 168.

Mezger, E., 1998: Das Netzwerk "Kommunen der Zukunft" und der Beitrag der Hans-Böckler-Stiftung. In: Bogumil, J./Kißler, L. (Hrsg.), 1998, S. 21-38.

Mezger, E./West, K.-W. (Hrsg.), 2000: Aktivierender Sozialstaat und politisches Handeln. 2. erweiterte Auflage, Marburg.

MFJFG (Ministerium für Frauen, Jugend, Familie und Gesundheit des Landes Nordrhein-Westfalen), 2000: Sozialstaat 2000. Düsseldorf.

Möltgen, K., 2001: Politik im Neuen Steuerungsmodell. Eine qualitative Analyse zur Rolle des ehrenamtlichen Managements im Rahmen kommunaler Verwaltungsmodernisierung. Hamburg.

Monopolkommission, 1997: Marktöffnung umfassend verwirklichen. Zwölfter Bericht der Monopolkommission gemäß § 24b Abs. 5 Satz 1 GWB, 1996/97.

Münder, J., 1996: Einführung in das Kinder- und Jugendhilferecht. Münster.

Münder, J., 2001: Sozialraumorientierung und das Kinder- und Jugendhilferecht. Rechtsgutachten im Auftrag von IgfH und SOS-Kinderdorf e.V. Hrsg. Vom Sozialpädagogischen Institut im SOS-Kinderdorf e. V. München.

Münder, J./Ottenberg, P., 1999: Der Jugendhilfeausschuss. Münster.

Naschold, F., 1997: Politische Steuerung und kommunale Verwaltungsmodernisierung. In: Naschold, F./Oppen, M./Wegener, A. (Hrsg.), 1997, S. 305-340.

Naschold, F./Oppen, M./Wegener, A. (Hrsg.), 1997: Innovative Kommunen. Internationale Trends und deutsche Erfahrungen. Stuttgart.

Naschold, F./Oppen, M./Wegener, A., 1998: Kommunale Spitzeninnovationen – Konzepte, Umsetzungen, Wirkungen in internationaler Perspektive, Berlin.

Oesterreich, D., 2001: Die politische Handlungsbereitschaft von deutschen Jugendlichen im internationalen Vergleich. In: Aus Politik und Zeitgeschichte, S. 13-22.

Panter, U., 1965: Jugend und Staat, Weinheim.

Perabo, C., 2001: Jugendengagement und Landespolitik. In: Heinze, R.G./Olk, T. (Hrsg.), 2001, S. 397-419.

Plamper, H., 1998: Obrigkeitliche Kommune, Dienstleistungskommune, Bürgerkommune: Zur aktuellen Reformdiskussion. In: von Trott zu Solz, L. (Hrsg.), 1998, S. 11-16.

Priller, E./Zimmer, A., 1997: Zukunft des Dritten Sektors in Deutschland. In: Anheier et al. (Hrsg.), 1997, S. 249-283.

Reichard, C., 1998: Der Produktansatz im "Neuen Steuerungsmodell" – Von der Euphorie zur Ernüchterung. In: Grunow, D./Wollmann, H. (Hrsg.), 1998, S. 85-102.

Reichard, C./Wollmann, H. (Hrsg.), 1996: Kommunalverwaltung im Modernisierungsschub? Basel/Boston/Berlin.

Richter 1994, in: AGJ (Arbeitsgemeinschaft für Jugendhilfe) (Hrsg.), 1994: Jugendhilfe 2000 – Visionen oder Illusionen. Bonn.

Rößler, J., 1997: Das Jugendamt im Gefüge kommunaler Sozialpolitik. In: Forum Erziehungshilfe 2, S. 68-72.

Santen, E. van, 1998: "Output" und "outcome" der Implementierung Neuer Steuerung. In: Neue Praxis 1, S. 36-49.

Schmals, K.M./Heinelt, H. (Hrsg.), 1997: Zivile Gesellschaft. Entwicklung, Defizite und Potenziale, Opladen.

Schmidt, M., 1996: Modernisierung der Profession – ohne professionelle Modernisierung? Zum Verhältnis von Professionalisierung und Verwaltungsreform. In: Flösser, G./Otto, H.-U. (Hrsg.), 1996, S. 33-54.

Schöneich, M. (Hrsg.), 1996: Die Modernisierung der kommunalen Selbstverwaltung. Köln.

Schrapper, C., 1996: Organisation und Legitimation einer öffentlichen Verantwortung für private Lebensschicksale. Zur Bedeutung der Organisationsfrage in den Debatten über den fachlichen und sozialpolitischen Stellenwert des Jugendamtes. In: Merchel, J./Schrapper, C. (Hrsg.), 1996, S. 61-88.

Seckinger, M./Weigel, N./van Santen, E./Markert, A., 1998: Situation und Perspektiven der Jugendhilfe – eine empirische Zwischenbilanz, München.

Stöbe-Blossey, S., 1998: Verwaltungsmodernisierung im Jugendamt – Die aktuelle Diskussion im Überblick. In: Brandel, R./Stöbe, S./Wohlfahrt, N. (Hrsg.), 1998, S. 11-29.

Stöbe-Blossey, S. (Hrsg.), 2001a: Perspektiven der Jugendhilfeausschuss-Arbeit. Tagungsdokumentation. Projektbericht des Instituts Arbeit und Technik 2001-04. Gelsenkirchen.

Stöbe-Blossey, S., 2001b: Neue Steuerungsmodelle und die Rolle des Jugendhilfeausschusses: Ergebnisse einer Befragung. Institut Arbeit und Technik, unveröffentlichtes Manuskript.

Struck, N. 1997: Neue Steuerung – Zwischenbilanz aus Sicht freier Träger. In: Forum Erziehungshilfen 4, S. 303-326.

Struck, N., 2001: Perspektiven: Jugendhilfeausschüsse zwischen Bundesrecht und Verwaltungsreformen. In: Stöbe-Blossey, S., (Hrsg.) 2001a, S. 38-47.

Strünck, C., 1997: Kontraktmanagement und kommunale Demokratie. Schnittstellenprobleme als demokratietheoretische Dimension der Verwaltungsmodernisierung. In: Heinelt, H. (Hrsg.), 1997, S. 153-170.

Trott zu Solz, L. v. (Hrsg.), 1998: Bürgerorientierte Kommune – Wege zur Stärkung der Demokratie. Projektdokumentation Band 1: Hearing und Auftaktveranstaltung. Gütersloh.

Verein für Kommunalwissenschaften e.V., 2000: Braucht flexible Jugendpolitik ein neues Jugendamt? 2. Berliner Diskurs zur Jugendhilfe. Berlin.

Vogel, M.-R., 1960: Das Jugendamt im gesellschaftlichen Wirkungszusammenhang, Köln – Berlin.

Weigel, N./Seckinger, M./Santen, E. van/Markert, A. (Hrsg.), 1999: Freien Trägern auf der Spur. Analysen zu Strukturen und Handlungsfeldern der Jugendhilfe. Opladen

Wendt, W. R. et al., 1996: Zivilgesellschaft und soziales Handeln. Bürgerschaftliches Engagement in eigenen und gemeinschaftlichen Belangen. Freiburg i. Br.

Wohlfahrt, N., 2001: Arbeitsgruppe 3: Zukunft der freien Träger. In: Stöbe-Blossey, S. (Hrsg.), 2001a, S. 60-66.